休職と復職の教科書

未来のキャリアを守る

一般社団法人
日本ストレスチェック協会代表理事
武神健之
Kenji Takegami MD PhD

Discover

はじめに　休職という選択肢が未来のキャリアを守る

眠れない。考えがまとまらない。なぜか涙がでる。常に不安がある。

でも、まだ大丈夫。会社に、まわりに迷惑をかけたくない。


メンタルヘルスの不調が出はじめて、不安なことばかりかもしれません。

病院に行くべきか。会社に言うべきか。もし休むように言われたら、自分のキャリア、収入、生活はどうなるのだろう。休職したとして、復職できるのだろうか——


この本は、そんなメンタル不調を抱えるあなたの不安と悩みに応えます。

メンタル不調にならないための本ではありません。

不調になっても、安心して「休む」選択肢をとれるようになるための本です。自分の不調を受け入れ、向き合い、うまく制度を利用すれば、適切な「休職」は、むしろあなたの未来のキャリアを守る選択なのです。


休職を選択することで、その後、元気に活躍し、良いキャリアを築いていった方を私は多く見てきました。

病院に行く判断やタイミング。休職から復職までの全体像、手続きや心得。お金の対策やキャリアの考え方など、休職者が「休む前」に知っておきたかったことを、産業医の知見と経験をもとに、具体的にわかりやすくまとめました。

メンタル不調を抱える方の同僚、上司、人事担当者、ご家族など、当事者以外の方にとっても、本人の療養と回復、復職を支援できる情報となるでしょう。

1万人以上との面談からわかったこと

さて、本書を手にとっていただき、ありがとうございます。

私、産業医の武神《たけがみ》と申します。私は大手外資系企業20社以上の産業医として10年以上働いてきました。産業医の主な仕事は社員たちとの面談です。毎年1000人以上、延べ1万人以上の働く人たちと面談をし、心と体の健康管理のお手伝いをしてきました。私の面談の6~7割は、いわゆるメンタルヘルスやストレスに関するものです。

その結果、私は社員と話せば、その社員がまだ医者に行かないで大丈夫なのか、もう医者に行って治療を始めるべきなのか、それとも、もう休職することを考えるべきなのかは大体わかるようになりました。

また、休職中の社員の方々とも定期的な産業面談を実施してきました。2023年、1250件の産業面談のうち、約36％、445件は休職者との面談でした。休職者との面談回数で考えれば、世の中の産業医の中で最も回数を多くこなしているのではないかと自負しています。

メンタルヘルスの不調は、誰にでも起こりえます。

いわゆるメンタルヘルス不調になる社員は、決して不真面目でパフォーマンスが悪い社員とは限りません。むしろ**真面目で責任感が強い方がほとんど**です。むしろ強すぎる方たちです。そういった人たちこそメンタル不調になりやすいのです。不調の時期を上手に乗り越えられれば良いのですが、中にはそこから負のスパイラルに突入してしまう社員も見てきました。

産業医としての私の役割の1つは、働いている社員それぞれが最高のパフォーマンスを出せるようにお手伝いをすることです。そして、もしメンタルヘルス不調等で仕事のパフォーマンスに影響が出るようであれば、必要に応じて治療をすすめたり、時には休職することを提案したりします。

しかし残念ながら、私の提案や忠告を必ずしも社員たちがすぐに納得し、従うわけではありません。

そこには、メンタルヘルスの病気に対する偏見や、薬への恐怖、周囲の目が気になることや周囲に迷惑をかけてしまわないかの心配、そして何よりも自分のキャリアへの影響の不安などが見え隠れします。真面目で責任感が強い方たちだからこそそう思ってしまうのも仕方がありません。

病院にかかったほうがいい、休んだほうがいいと思いつつ、「まだやらなきゃいけないことがある」「まだ自分はできる」と考え、そう自分に言い聞かせてしまう。今まで通りに仕事ができない自分に対する焦りや、休んだらどうなるかわからない不安を隠し抱えて面談に来る人は多数います。

▼住宅ローンが組めなくなるのではないか
▼転職に不利になるのではないか

▼会社のキャリアパスの王道からはずされるのではないか

など、不安が不安を呼ぶ悪循環に陥っていることもあります。

メンタルヘルスの病気は、本人が納得し治療に向き合わないと効果的な治療は始まりません。ですので私は、社員が納得しないときは、次の面談まで様子を見ることがほとんどです。私の経験上、休職をすすめてもそれを拒む人たちは実際に納得して休職に入るまで2～3か月ぐらいかかります。

また、産業医の役割は、休職した社員を辞めさせることではありません。休職社員を何が何でも早急に復職させることでもありません。私は休職社員がなるべくなら早期に復職に向かってほしいと日々関わっています。

一方で、**しっかりと働く準備をしてから復職しない限り、数か月後に再休職になってしまったり、結果を伴う働き方ができずに業務評価が厳しいことになってしまったりすることが実情**です。

そのため、安易に早く復職するのではなく、しっかりと準備して復職するようお手伝いをしています。休職中をどのように過ごしたらいいのか、そして復職するに際してはどのような準備をしたらいいのか、私はそういったことを休職中の社員たちと月一回産業医面談を通じてお話ししてきました。

メンタルヘルス不調で「休む前」に知っておきたかったこと

この本では、**産業医として、このように1万人以上の社員たちと面談をしてきた私だからこそ伝えられる、メンタル不調で休職中の社員たちが休む前に知りたかった内容をまとめています。**

- 病院にかかるかどうかの判断やタイミング
- 病院の探し方・かかり方
- 休職中の過ごし方
- 休職から復職までの会社との上手な付き合い方
- 会社の制度の使い方
- 診断書の種類、それを出すタイミング

▼お金のこと
▼転職について

など、メンタルヘルスの不調を感じたあとの、その先がわかる情報と考え方をお伝えします。

上司や人事の人も、社員の休職制度に関する疑問が解決でき、スムーズに休職制度を回せるでしょう。不要なトラブルが減るはずです。

この本で私が最も伝えたいのは、**仕事を休むという選択肢で、復職も転職も含め、自分の将来を支えることができるということ**です。

もちろん、あなたがこの本のお世話にならないことが一番かもしれません。

しかし、もしあなたが今、メンタルヘルス不調の症状が始まった、もしくは休職という選択肢が頭の中をよぎっている――そのような状態であれば、本書がその助けとなれるはずです。

3つの質問で

ストレス
セルフチェック

Q 1

あなたのストレス状態、つまりいっぱいいっぱいな状況はいつから続いていますか？いつまで続くと見込まれますか？

A

現在ストレス状況にない、いっぱいいっぱいではない

▼▼▼ 0点

B

ストレスはあるが、いつからか、いつまでかわかっている

▼▼▼ 1点

C

ストレスがあり、いつからか、いつまでかも不明確

▼▼▼ 2点

なんだか最近調子が良くない。楽しいことがない。気持ちに余裕が持てない……。
そんないっぱいいっぱいな状況、もしくはストレスフルな状況はいつから続いているでしょうか？

「何月ごろに同僚が辞めてから」「何月何日、上司に叱られてから」のように、いつからかわかっている場合よりも、いつからそうなっているかわからない状況のほうが重篤である場合が多いです。

同じように、この状況がいつまで続くのかわからないときにも要注意です。たとえば「来月には新しい人が入ってくるからチームの人数が増える」「この忙しいプロジェクトは今月末に終わる」など、いつまで続くのか期間の終わりが見える場合よりも、「この状況がいつまで続くのかわからない」「延々と続きそうだ」と感じているときのほうが重篤であることが多いです。これは慢性的な人員不足に伴う忙しさや、職場の人間関係によるストレスなどによく言えることです。

ストレス原因はいろいろありますが、この質問にCと答えた方は、今のこのストレス状態が、リスクの高いものだとお考えください。早めに自分で対処するか、人の助けを得たほうがいいでしょう。

Q 2

あなたは今このストレス状況／いっぱいいっぱいな状況について、誰かお話しできる人がいますか？実際にお話ししましたか？

A
現在ストレス状況にない、いっぱいいっぱいではない
▼▼▼
0点

B
ストレス状況はあるが、誰かに相談できている
▼▼▼
1点

C
ストレス状況があるが、誰にも話せていない
▼▼▼
2点

※話せる人はいるが、話せていないは2点になります

自分がいっぱいいっぱいなとき、それを「うんうん」と人にひたすら聞いてもらえるだけでも、気持ちが楽になります。

厚生労働省の労働安全衛生調査では、不安や悩みやストレスがあるとき、それを人に話すことによって、約3割の人は「問題が解決した」、約6割の人は「解決はしなかったけど楽になった」と答えています。一方、「話しても何も意味がなかった」と答えている人は約5%に過ぎません。つまり、何か自分がいっぱいいっぱいのときは誰か身近な人、もしくは専門家と話すことで、9割の人は楽にはなれるのです。

大切なことは、この話す人がいるかどうかということです。あなたにはこういったときに、不安やストレス、悩みが強いときに話すことができる人がいますか?

相談相手がいない、もしくは相談相手はいるけれど実際は相談できていないのであれば、今のこのストレス状態が、リスクの高いものだとお考えください。早めに自分で対処するか、人の助けを得たほうがいいでしょう。

今、ストレス状況にない人は、ぜひ、自分だったら誰に相談するか、考えておきましょう。

Q 3

あなたは、今、こころや身体で何らかのおかしな症状や、普段の元気な自分であればないような症状がありますか？

A
心も体も普段通り元気
▼▼▼
0点

B
言われてみれば、そういう症状があるかもしれない
▼▼▼
1点

C
そうした症状がある
▼▼▼
2点

身体の症状として、風邪をひいていないのになぜか咳がよく出る。疲れているはずなのに、なぜか寝にくい。よく寝ているはずなのに、なんだか疲れが取れない。慢性的な頭痛や腰痛、耳鳴りやめまいなど、そのような症状は何かありますか。

心の症状として、この1か月間、朝起きてから会社に行くことにすごく気分が乗らない。今まで楽しくやっていた趣味ができなくなってしまった、本来の自分、元気な自分だったら、そんなはずはないのにという気持ちの変化はないでしょうか。

この質問は、NOと即答できていれば大丈夫です。

症状の自覚がある場合は、それが日常生活（仕事や私生活）への影響を考えてみましょう。影響がないのであれば、まずは自分で対処してもいいかもしれません。影響があるようであれば、誰かの助けを得ることを考えましょう。早期に治療したほうが早く治ることが多いです。

そういった症状があるかどうかわからない人は、1～2週間後に、ぜひもう一度この質問に戻ってきてください。

Q おまけ

あなたはこの1か月の間に楽しかったこと、思いっきり笑ったこと、嬉しかったことはありましたか？
記憶に残ったことを教えてください。

A
何らかのエピソードをすぐに思い出せる
▼▼▼
−1点

B
少し考えれば思い出せる
▼▼▼
0点

C
何もない
▼▼▼
1点

この質問にポジティブに即答できている限りは、今すぐ危ないということはないと思います。ぜひ、あなたにとってのポジティブ経験をたくさん日常生活に取り組むようにしてください。ポジティブ経験は、多くの場合、あなたの趣味や気分転換になります。

多くのメンタルヘルス不調者は、症状が進むにつれて、楽しかったことができなくなっていきます。ときには本人が良かれと思って、疲労回復のために週末の趣味のテニスや山登りをやめて家で休んだりしています。しかし、趣味や楽しみのない生活を続けていると、結局は金曜日の夜の気分を月曜日の朝に引きずり、そんな生活を2、3か月続けるとかなり悪化してしまいます。

反対に、どんなに忙しくても、どんなに仕事のストレスを感じているときでも、週末などにしっかり気分転換ができている人は大丈夫なものです。

3つ＋おまけの質問への回答の合計点は何点だったでしょうか。産業医としては以下のように考えます。

0〜1点▼▼▼今は大丈夫。

2〜3点▼▼▼今は大丈夫かもしれませんが、今後がちょっと気になります。1〜2か月後にまたこの3つの質問に戻ってきてください。

4点以上▼▼▼産業医としては放っておけません。専門家を受診するか、定期的な産業医面談をご活用ください。

未来のキャリアを守る
休職と復職の教科書

目次

Chapter 2.

休職前半

じっくりと休む＋好きなことをする

回復期の過ごし方……155

ケース紹介 休職者のそれぞれの原因・症状・回復状況……167

Chapter 3.

休職後半

焦らずに復職の準備を。そして復職へ

復職する前に知っておくべき会社との関わり方

復職後のメンタルヘルス対策

Chapter 1.

こころと身体の SOSに気づく

ストレスがたまったときの症状を知る

精神疾患は、誰にでも起こりうる

人は生きているかぎり、様々なストレスにぶつかります。身近な人が倒れたり、仕事がうまくいかなかったり、失恋したり……。誰でも気分が沈みます。たいていの場合は、「仕方がない」「なんとかなる」と気持ちを立て直せますが、そういったこころの働きがうまくいかず苦しんでいるうちに、精神疾患になることがあります。精神疾患は、特別な人がかかるものではなく、誰でもかかる可能性のある病気なのです。

厚生労働省の令和2年（2020年）患者調査によると、精神疾患を有する外来患者数は約390万人、日本人の約30人に1人は精神疾患を抱えているということになります。そのうち認知症やてんかんなどを除いた気分障害、ストレス関連障害、統合失調症などの人は合わせて約３００万人います。また、「令和４年労働安全衛生調査（実態調査）」の結果によると、過去１年間にメンタルヘルス不調により連続１か月以上休業した労働者又は退職した労働者がいた事業所の割合は13・３％、メンタルヘルス不調により連続１か月以上休業した労働者の割合は０・６％、退職した労働者の割合は０・２％となっています。日本の労働者人口は約６９００万人なので、１年間でメンタルヘルス不調により休職した人は約41万人、退職した人は約14万人になるのが実情です。

私の職業上の実感としては、１００人社員がいれば、１人はメンタルヘルス不調で休職している社員がいます。また１人はメンタルヘルス不調で通院していてそれを会社に伝えている社員、そして１人はメンタルヘルス不調で通院しているけれど、会社には隠している社員がいます。これが一般的な会社の実情と言えるでしょう。

ほとんどの病気は早期発見・早期治療が大切です。高血圧や糖尿病やがんは、定期的な健康診断や人間ドックを受診することである程度発見できますが、自分のこころの状態には、自分で気がつくしかありません。

では、まずはストレスでいっぱいいっぱいになったとき、人がどのような反応をするのか見ていきましょう。

ストレスの気づき方――反応は、こころ・身体・行動に現れる

人は、自らにかかる負荷が自分の許容限度を超えていっぱいいっぱいな状況になると、つまり〝ストレス〟を感じると、その反応が、こころや身体や行動の症状として現れます。

このうち、本人にとってわかりやすいのは身体症状（不眠、食欲低下、頭痛やめまい、動悸や冷や汗等）で、わかりにくいのが精神症状（やる気が出ない、億劫、不安、イライラ、憂鬱等）です。また、他人にわかりやすいのは行動に出る症状（お酒やタバコの増加、遅刻や早退、会話の減少等）です。

では、具体的な症状を見ていきましょう。

こころに現れる症状

まずは、ストレスによるこころの症状、精神症状から説明していきましょう。

ストレスによる精神症状はいろいろあります。たとえば、やる気が出ない・何をするにも億劫だ・なんとなく気持ちが沈む・イライラする・憂鬱な気分・喪失感・不安・焦り・集中力の低下、などが精神の症状として現れます。

調子のいいときの自分とは異なる自分がいるみたい、こんな自分じゃないはずなのに、と感じるものの、どうしようもない状況ともいえます。

ただ、こころの症状は、目に見えないので気づきにくく、対処しにくいのが実情です。

また、自分のこころの症状そのものを認めたがらない、また、その原因を精神的なストレス等によるこころの症状（身体反応）だとは認めたがらないという人もいます。これはエリート社員、有名企業に所属する社員、優秀な社員ほど強い傾向にあります。「まさか自分に……」「こんなはずじゃない」「そんなわけはない」という人のなんと多いことか。特に、職場の上司や人事に指摘されたとき、人は認めたがらない傾向がより強くなります。本人が素直に認めやすいのは、ご家族、仲の良い友人、そして会社の産業医などが諭すように指摘した場合が多いです。

身体に現れる症状

ストレス反応としての身体症状はわかりやすいです。たとえば、寝付けないとか夜中に目が覚めるなど睡眠に関するものが一番多いですが、そのほかにも涙が出る、食欲がない、性欲がない、あるいは腹痛や腰痛、めまいや動悸などの症状として現れることもあります。

ストレスの身体症状も、気づかれず、見逃されやすく、対処されにくいのが実情です。

まず、身体症状があっても、すぐにはそれがストレスや精神的不調からきていると は考えにくいことが挙げられます。身体の症状を訴える多くの人は、最初から精神科、心療内科には行きません。最初は近所の内科に行きます。そこで、簡単な検査などをしても結局原因がなく、「しばらく様子を見ましょう」となってしまいます。原因を知りたくてもう一軒ぐらいお医者さんに行っても、同じような検査をして異常が見つからないと、その後はもう自己判断で通院をやめてしまいます。

そして、数か月のうちにもっと症状が進み、2軒目、3軒目の内科を受診します。

そこでも簡単な検査では異常は見つかりません。このときのお医者さんが運良く、メンタルヘルス系に明るい先生だと、「実は、最近笑顔がなくなったって指摘されることはありませんか?」とか、「よく眠れていますか?」「ストレスたまっていますか?」と聞いてくれます。

はっと気づいて、そのことを受け入れることのできた人は、内科から精神科に紹介になり、うつ病などの診断となるのが、典型的なメンタル疾患の患者さんです。

ここでも、優秀な人ほど、この現実を受け入れられず、そのようなことを指摘する医者はヤブ医者だ、ひどい医者だと断定し、自分の思い描く診断を語ってくれる医者を探しに行ってしまいます。ところがそのような医者はあまりおらず、気づきと治療はどんどん先延ばしになってしまいます。

行動に現れる症状

最後に行動です。職場でも家庭でも、これは周りから見て一番わかりやすい変化です。たとえば、お酒の量やタバコの量が増える、食欲亢進・低下（どか食い・拒食）、ギャンブル、衝動買い、過食や拒食、登校拒否・出社拒否、ひきこもりなどが一般的です。

職場では、遅刻や早退、欠勤が増えたり、集中力が低下してミスを連発したり、仕事の結果を出すのに時間がかかるため、時間外労働や休日出勤が増えたりします。ほうれんそう（報告、連絡、相談）が減ったり、職場での仲間との会話が少なくなったりすることもあります。

女性の場合、眠れなくてやつれた顔を隠すため化粧が濃くなる、男性の場合、寝癖のついた髪や無精ヒゲのまま出社するなど、身だしなみの変化もあります。

自分のよくあるストレス症状の傾向に気づく

人それぞれのストレスの症状は異なりますが、同じ人では、出てくる症状はたいてい決まっています。

ですから、自らのストレス症状について知っておくことで、その症状が出たときに、「自分にはストレスがかかっているので対処が必要だ」という自覚を持てるようになると、早め早めにストレスに対処ができて重症化しないで済むこともあります。

眠れないからといって即座にうつ病だと考える必要はありません。ただ、**何か原因のわからない、説明しきれないような身体症状が続くときは、メンタルヘルスの問題である可能性も考えていただけるとよいでしょう。**もしくは誰かに相談した際や、かかりつけの医者に「それって精神的なことじゃない？」と言われたら、端から否定しないで、「そういうこともあるのかな」と思える余裕を持っておくことも大切です。

ストレスとの付き合い方を知る

私は産業医として多くの方と接しているなかで、ストレスに上手に対処している人たちは、ストレスをシンプルに考えて対処している、またはストレスについてあまり考えていないが、無意識のうちにその対処をしているということがわかりました。

ストレスにしなやかに対処できている人たちは、ストレスを原因から捉えたりせず、また、ストレス耐性を鍛えようということもなく過ごしている印象を受けてきました。この人たちの捉えているストレスは、**ストレス＝「強度」×「持続時間」**でした。

ストレスの強度を理解する

ストレスの強度とは、**どれだけインパクトが強いかということです。ストレスが予測可能か、想定範囲内のものか、あるいはそこからどれだけかけ離れているか**ということです。

私たちは、ショッキングな出来事に出会っても、それが予測していたことであればそれなりに耐えられます。逆に、いきなり目の前で交通事故や犯罪を目撃した場合、それが脳裏に焼き付いて強度の高い大きなストレスとして残る可能性は大きいでしょう。

職場で言えば、急に同僚が1人辞めてしまい、仕事が忙しくなる、急にトラブルが起きて仕事がテンパってしまう、もしくは、普段は温厚な上司が急に怒り出すなどが挙げられるでしょう。

一方で、仕事が忙しくなること、人がいなくなることに関して、忙しさが終わる時期や新たな人員補充の見通しを示してくれる人がいると、ストレス度は高いものから若干下がります。

また、ストレスの強度は、予測可能ではなかったものでも、慣れてくると低くなるものがあります。

職場で普段から不機嫌な人がいた場合、慣れてくるとストレス度が減るのはこれが理由でしょう。また、外国で戦争が始まったというニュースも、最初はインパクトが大きかったはずなのに、そのニュースにも慣れると、あまり何も感じなくなります。

ストレスが続く期間を把握する

ストレスの「持続時間・継続時間」というのは、**その刺激や状況・環境が、いつからどれくらい続いてきたのか、そしてこれからどれくらい続くのかということです。**

これも、ストレスをどれくらい大きく感じるかということの重要な因子になります。

持続時間には、「過去からの持続」と「未来への持続」とがあります。過去からの持続とは、いつからそれが続いているのかということです。たとえば、悩みを抱えていて調子が悪い人に「それっていつから続いているの？」と聞いたときに、「昨年の12月にこんなトラブルがあって」「実は10月に部門が異動になってから」などと具体的なエピソードが言える場合は大丈夫なことが多いのです。

よくないのは、特別なエピソードがなく、いつからかわからないというケースです。私が面談したなかにも、入社10年目で部署が変わったわけでもなく、特別なことが起こったわけでもないけれども、「1年前の春ぐらいからちょっと調子が悪いかなと感じ始め、暮れに悪化して、年末年始休めば良くなるだろうと思っていたが、年が明けても良くならないので来ました」という方がいました。このようにメンタルヘルス不調の原因となる特別なエピソードがなく、いつから調子が悪いのかもよくわからないというのは、シビアな状況になっていることが多い傾向にあります。

次に、未来への持続です。ストレスを抱えている人に「その大変な状況がいつまで続くの？」と聞いて、「今月いっぱいです」「年度末までです」などと答えられるなら、それほど深刻にはならないか、ある程度、対処が可能な場合であることが多いでしょう。

しかし、終わりが見えていない場合は問題です。いつまでこの忙しさ、この状況が続くのかわからない、今日何時まで続くのかわからない、土日も働いて延々と続いているなど、中断されることがないストレスは非常に大きな負担になります。

ストレスの持続時間については、予測可能かどうかも大切な要素があります。「四半期に一度はこういう時期があるんです」「月末はいつもこういう感じです」というように、時間的に状況を読める、先が予測可能な場合は大丈夫なことが多く、いつまで続くのか読めない場合は、良くない影響を受けやすいと言えます。

予測可能であれば、それに備えることができ、終わりが見えていることには耐えることができます。

疲労もストレスを左右する要因になる

ストレスをどう考えるかについては、「強度」×「持続時間」という概念のほかに、ストレスというのは決してネガティブ、悪いものばかりではないと理解する必要があります。

ストレスとは、個人が外部からの要求やプレッシャーに対して感じる身体的または精神的な緊張反応のことで、環境や心理的要因によって引き起こされます。**精神的・肉体的に負荷となる刺激は、皆ストレスとなりえますが、ストレスそのものが悪いわけではありません。**

疲労がたまっていれば、ストレスの強度や持続時間がそれほど深刻な程度ではなくても、当然、本人のストレスの感じ方は大きくなるでしょう。たとえば、普段温厚な人なのだけれど、体調が悪いところを無理して出社してきたため、ささいなことに過敏になったり、機嫌が悪くなったりする、ということは想像にたやすいかと思います。

子育て中の方であれば、子どもが保育園の頃より、小学校に行くようになった頃のほうが、より大変だと感じるようです。PTAの会合のために会社を休まなければいけない、そういうことへの負い目、勉強が始まって大丈夫だろうかという心配など、一つひとつはたいしたことではないけれど、重なってくると大きなストレスになるというのはよく耳にすることです。

この症状が出たら医者に行くタイミング

ストレスによる症状には精神症状、身体症状、行動の変化の3つがありますが、医者に行くきっかけは本人が身体の不調を自覚して、というケースが多数を占めます。

ただ、まだ医者にはかからないでいい症状や、どの程度の症状があったら医者に行くべきなのかは、多くの人にとって判断が難しいでしょう。

実際に、私の産業医面談に不調症状を訴えながら来る人には、自分の症状が医者に行くべき症状なのかを聞きたくて来られる方が多くいます。

どの程度の症状のときに医者に行くことをすすめているか、紹介します。

睡眠が取れずパフォーマンスに影響が出ているとき

毎日爆睡は問題なし。

たまに、寝付けないときや夜中に目が覚める、早朝に目覚めるときがあっても、翌日の会議や苦手な人との打ち合わせやプロジェクトのピークなど、その原因がわかっているときは、ある程度普通のことですからセーフです。

原因がわからないのに、満足のいく睡眠が取れず、翌日のパフォーマンスに影響が出ているのならば、それは医者に行くことを考えるべき段階です。そのような状態で働き続けてもパフォーマンスをうまく発揮できません。

これが週の半分以上あったり、合計しても4時間も眠れないことが2週間以上続く場合は、必ず医者に行くべきです。

仕事への集中力が以前と違うと感じるとき

なんだか仕事に集中できない。今までなら数分で終わっていた仕事が10分かかる、10分で終わっていたものが30分かかるようになった。そのような場合も、医者に行くことを考えなければいけません。このような状況は、周りからすると同じ仕事をしているだけなのに、何も仕事を増やしてもいないのに、どうしてこんなに時間がかかるんだろうと受け止められている可能性があります。

朝会社に来て、デスクトップからいつも使っているファイルやフォルダをクリックする。この動作を多くの場合は無意識にやっています。しかし、調子が悪くなってくるとこれが無意識ではなく、「あれどこだったっけ？」「どのフォルダだろう」というようにワンテンポずつずれるようになります。そのようなときもそろそろ医者に行くべきときかもしれません。

パソコンに向かって集中して仕事をしているとき、隣から人に話しかけられたとします。調子の良いときはその人に対応したあと、もう一度パソコンを見ればすぐに元の仕事に入っていくことができます。集中することができます。しかし調子が悪いと、あれ何やっていたんだろうという戸惑いが生じます。これも医者に行くべきときでしょう。

メールや文章などを読んでいるとき、調子の良いときは業務に関するものは1回読めばたいてい頭に入ります。しかし、集中力が落ちてきていたり、調子が悪くなっていたりするときは、2、3回、ときには3、4回しっかり読み込まないと頭に入ってこなくなる。これも医者に行くべきときでしょう。

今まで会議で議論されている内容はすべてわかっていたのに、真剣に集中しないと会議についていけない、会議で急に振られたときに頭が真っ白になって対処できない。そればかりか、そのことが気になって会議が怖くなってくる。これももう医者に行くべきときでしょう。

このように、**自分の不調が仕事に影響があるときはもう、医者に行くべきときなのです。**

朝、電車に乗れなくなったとき

メンタルヘルス不調になると朝の出社が億劫になることが多いです。何もしていないのに玄関でぼーっと5分10分過ぎていたなど、家を出るのが遅くなってくる。そして最後に現れてくる症状は電車に関するものです。

朝、会社に行く気分が乗らなくても、いつもの通勤電車に乗ることができるのは、普通の状態です。

駅にいるのに通勤電車をあえて遅らせてしまう、途中下車して何本かやり過ごしたりして、到着電車が遅くなるが、遅刻はしないのは、自分のメンタルヘルスの状況がよくはない注意喚起の症状です。そろそろ医者の受診かカウンセリングを受けるべきか考慮すべき段階です。

実際に、遅刻するようになる。それを上司や同僚に指摘されるのは、必ず医療受診のレベルです。

●会社で涙が出てしまうとき

わけもなく涙が出てしまうのは、メンタルヘルス不調の症状としては比較的多いものです。感情のコントロールが利かなくなってしまっているのです。

涙が出るのが、帰宅後や会社以外の場合、それは嬉しくはないけれど、ある意味普通のことです。

会社で就業中に涙が出そうになり、席を外して気分転換すれば耐えられる、または、トイレまでは我慢できるのであれば、それは医療受診を考慮すべき段階です。上司にいろいろ言われて泣いてしまったというのも、受診を考慮すべき段階でしょう。

職場の自分の席で涙がこぼれてしまう、それを同僚に気づかれる場合は、医者を受診し、主治医と休職について相談するべきだと考えます。

生活リズムが崩れたとき

帰宅後、疲れのために少し寝てしまうのは、普通のことです。しかし、そのときに寝すぎてしまい、起きたら真夜中で、そこから食事やお風呂に入り、就寝時間は日を超えてからなど、生活リズムが崩れてしまうのは危険信号です。もしくは、ご家族と暮らす人の場合、ルーティンの家事ができなくなるようであれば、それは危険信号として、医療受診すべきでしょう。

週末、寝て過ごすことが増えたとき

土日両方ともアクティブに外出したり遊んだりすることは問題ありません。週末の遊び疲れを仕事の間に癒やすくらいの人は大丈夫です。

週末の1日は遊ぶが、あえて1日はゆっくり自宅で体力回復のために過ごすようにするのもいいことです。

しかし、土曜日は体力回復のために家で過ごし、さらに日曜日は翌週に備えて家で体力温存するような過ごし方になると、産業医としては心配です。このような過ごし方は、結局は金曜日の気分をそのまま月曜日に持ってきてしまい、気分転換がない週末になってしまっているのです。このような週末を2、3か月過ごすと、メンタルヘルス不調者となってしまうケースを多々見てきました。**2週間に1回は気分転換を週末に入れましょう。**

それができないようなときは、誰かに話を聞いてもらうといいでしょう。

2日間の週末休みを両方ともパジャマのままで過ごしたり、休日をカーテンもろくに開けずに過ごしたりしてしまうときは、医療受診すべきでしょう。

直接的な原因がなくても症状が出るとき

誰でも、原因となるようなことが起こって症状が出るのは、嬉しくないけれども普通のことです。上司に叱られた日や仕事でいっぱいいっぱいなときに眠りづらかったり、気分が落ち込んだりするのは、嬉しくありませんが、普通のことです。

まだ起こっていないけれども、起こり得る嫌なことがあるとき、症状が出てしまうのも普通のことです。たとえば、嫌な上司とのミーティングの前の日は眠りにくい、緊張度の高い仕事のあるときは動悸がする、などです。

一方、原因となるようなことが起こっていないのにもかかわらず、症状が出てしまう場合、それは医者に行くべきなのかもしれません。たとえば、苦手な上司が今日は休暇でいないとわかっているのにもかかわらず、急にその上司が後ろに立っている気がして振り返ってしまうなどの症状があるとき、それは医療受診のサインとも言えます。

身近な人から「いつもと違う」と言われたとき

自分の親しい人、もしくは一緒に過ごす時間が長い人に、最近いつもと違う、笑顔がなくなった、調子が悪そう、元気がない、イライラしすぎではないか、などの指摘を受けたときは、素直に真摯にその言葉を受け止めるようにしましょう。あなたを心配して言ってくれているのです。

指摘が当たっているか迷うときは、ぜひもう一人信頼できる人に聞いてください。2人以上の人に〝いつもと違う〟と指摘をされたときは、必ず医療受診しましょう。

早めに医者に相談することで得られる2つのメリット

ここまでお伝えしてきたような症状が出たときに、できればすぐに医者に行ってもらいたい理由は2つあります。

1つは早期に治療を開始したほうが治るのも早いからです。仮に医者に行くのが2か月遅れて治療を開始したら、同じ期間では治りません。回復するにはもっと時間がかかることは確実です。

2つ目は、メンタルクリニックこそ医者との相性がすごく大切ですので、ぜひ相性の合う良い医者を見つけてほしいからです。

医者を探すのにはそれなりに気力と体力を使います。もしこのまま医者に行かずに数か月経ってしまったら、そのような気力体力があなたには残っていないかもしれません。すると、最初に行った医者がたとえ合わないと感じたとしても、ワラにもすがる思いで、その医者に通うしかないと判断をしてしまうでしょう。

だからこそある程度元気なうちに、自分からお医者さんを選べる状態のときに、早めにお医者さんに行くようにしてください。結局は、自分のためになります。

職場で見られる代表的な精神障害の特徴

私は精神科医ではありません。もともと外科医です。私は産業医をやっていくなかで様々な精神疾患の患者さんと出会い、学ばせていただきました。

ここでは、職場でよく見る精神科疾患について簡単にわかりやすく紹介しましょう。

なお、ここでは一般的な特徴を簡単にまとめますが、個々の症状は人によって異なり、また重複することもありますので、安易な自己判断はしないようお願いします。

●適応障害（Adjustment Disorder）

特徴

特定の出来事や人生の変化に適応するのに苦労している人に見られる精神的な状態

です。主な特徴は、ストレス源に起因する不安、憂鬱、または行動上の問題です。通常、症状はストレスの原因となる出来事が発生してから3か月以内に始まり、状況が改善されると解消します。適応障害は、個々の対処方法や支援の有無や違いによって発症や経過は様々です。適切な治療とサポートを受けることで、多くの人は回復します。

違い

適応障害は、特定のイベントや変化に起因する一時的なもので、通常はその状況が解決するか、状況から離れることができると改善します。

産業医からの解説

適応障害は、休職者の診断書で一番目にする病名です。一般的に適応障害は原因が明確です。**会社員の適応障害の場合、プライベートで特別なことがない限り、原因のほとんどは職場に関すること**です。職場のストレスとして多くのアンケートで、毎回トップ3に来るのは、仕事の質量、職場の人間関係、仕事の責任感などです。

適応障害の原因はその環境にあります。なので、その環境でなければある程度元気でいられます。仕事や職場の人間関係がストレスの原因の場合、職場以外では元気なことも多く、いわゆる現代うつ病、仮面うつ病と呼ばれる状態はこの適応障害なのではないかと思います。適応障害の人は休職し、職場から距離を取り一定期間休めば元気にはなります。また、乱暴な言い方になりますが、会社を辞める決断をできた人は治ります。

うつ病（Major Depression）

特徴

持続的な憂鬱感、喜びや興味の喪失を特徴とする精神障害です。これには、エネルギーの低下（元気がなくなる）、睡眠や食欲の変化、自己肯定感の低下、集中困難、そして極端な場合には自殺念慮が伴うこともあります。うつ病は適切な治療を受けることで改善することが多いですが、長期的な管理が重要となるケースも見られます。

違い

うつ病は一般的に（適応障害に比べ）長期間にわたる深刻な憂鬱感が特徴です。

産業医からの解説

うつ病は多くの場合、その原因が明確でないことが多いです。何が原因かわからず漠然としている、仕事はそんなにしんどくないんだけど、プライベートでも何も問題はないんだけど、なんだか気分が晴れない、と説明する患者さんが多くいます。

うつ病は、職場やプライベートで特にストレス原因がない場合も多く、ここが適応障害との大きな違いです。適応障害よりも頻度は低いですが、うつ病のほうが、復職したとしても治療が長く続くケースが多いと感じています。

不安障害（Anxiety Disorder）

特徴

過剰な心配や不安が特徴の精神障害です。大勢の人の前で話すときや大事な試験のとき、緊張して汗をかいたり、心臓がドキドキしたりするのは普通の反応です。しかし、過剰な心配や不安が日常生活に影響を出し始めたら、それは不安障害かもしれません。

精神的な不安から、こころと身体に様々な症状（心拍の増加、疲労、筋肉の緊張、睡眠障害、緊張感、集中困難など）を起こします。

違い

不安障害は特定の状況や物に限らず、広範な心配ごとに関連しています。日常のあらゆる出来事に対して過剰な心配と不安が、不釣り合いなほど継続してしまい、人によっては少なくとも6か月以上、不安や心配な気持ちが起こる日のほうが多く続きます。

産業医からの解説

ある程度の不安はあっても当たり前だと思います。しかし、不安が過ぎるとそのせいで眠れなくなるなど日常生活に支障が出てきてしまいます。症状に対しては薬物療法も有効ですが、カウンセリングにより症状は対処可能になると感じます。

パニック障害（Panic Disorder）

特徴

不安障害のなかの一つにパニック障害があります。予期せぬ重度の不安発作（パニック発作）が繰り返し発生する精神障害です。発作的な不安や身体の異常な反応は「パニック発作」と呼ばれ、パニック発作が繰り返される病気をパニック障害といいます。パニック発作は通常、突然の恐怖感や不安、そして身体的な症状（たとえば、心拍の増加、息切れ、めまい、発汗、震えなど）を伴います。発作の時間や間隔は不規則です。

違い

パニック障害と不安障害の違いとして、不安や恐怖が、数分内にピークに達するのがパニック障害。不安や恐怖が長時間継続して、次第に消失するのが不安障害というイメージです。パニック障害は突然の強い不安発作に特化しており、他の状況への心配ごとなどは少ない場合が多いです。

産業医からの解説

起こったことに対してパニックを感じるだけでなく、パニック発作が生じやすい場面を避けて生活するようになり、仕事や日常生活に支障が出てきてしまうと治療が必要となります。不安障害と同じく、症状に対しては薬物療法も有効ですが、カウンセリングにより症状は対処可能になると感じます。

双極性障害 (Bipolar Disorder)

特徴

双極性障害は、極端な気分の変動を特徴とする精神障害です。高揚した躁状態と抑うつ状態が交互に現れます。躁状態では、過剰なエネルギー、睡眠不足、高揚した気分、時に非現実的な自信（全能感）や行動が見られます。一方、抑うつ状態では、憂鬱感、興味や喜びの喪失、エネルギーの低下、自己価値の低下などが特徴です。

違い

双極性障害はその特有の気分の極性（高揚感と低下感）が交互に現れることが特徴です。

産業医からの解説

双極性障害は、ハイパフォーマーだった人が鬱状態になり休職し、その休職中に主治医によりこの診断がなされるパターンを私は多く経験しています。躁状態の社員は、数か月間、まったく睡眠を取らなくても、もしくは睡眠時間が極端に短くても仕事がガンガンできます。また、自分に自信を持つことはいいことですが、自分がすべてにおいて優秀だ、自分は何でもできると全能感を感じているなどの特徴があります。時に、躁状態で急に問題行動を起こすようになり発見されるケースもあります。中には怒りっぽくなって、周りに喧嘩をけしかけてしまうなど、社会的生活を上手に営めなくなってしまう方もいます。お酒や薬物に手を伸ばしてしまうケースも見られます。

他の病気と違って、1つの状態を治すのではなく、2つの極端な状態にならないようコントロールする意識が治療には必要です。休職中の診察のなかで、主治医により双極性障害と気づかれて内服の変更が出され、みるみる元気になっていくというパターンも比較的多く経験してきました。

これらの病気は症状や原因が重複することがあり、適切な診断と治療は素人判断では危険です。また、これらの病気は個々の症状や状況に合わせた治療アプローチが必要です。**必ず専門家の助けを借りましょう。**いずれも、適切な治療を受ければ、社会的生活を営めるようになります。

「うつ病」、「抑うつ状態」、「うつ症状」の違い

社員から、診断書には「うつ病」や「抑うつ状態」「うつ症状」とは書いてほしくなかったと言われることがあります。「そう書いてあったから、会社への提出を躊躇した」「提出しなかった」と言われることもあります。

これらの用語は似ていますが、意味には重要な違いがあります。「うつ病」は特定の臨床的診断を指します。「抑うつ状態」はより一般的な憂鬱感を表すのに対し、「うつ症状」はうつ病に似た個々の症状を指します。いずれの診断書が出るほどの場合、専門家による治療が必要であり、産業医や産業保健スタッフにもサポートを得ることが有効な場合が多いでしょう。

うつ病 (Major Depression)

これは精神障害の一つで、正式な病名です。この診断名を記載するためには、特定の診断基準を満たす必要があります。

症状には、深刻な憂鬱感、興味や喜びの喪失、食欲や体重の変化、睡眠障害、疲労感、無価値感や罪悪感、集中力の低下、死にたいという思いなどが含まれることがあります。

これらの症状が最低2週間以上続き、日常生活に大きな影響を与えていることが診断基準の一部です。

抑うつ状態 (Depressive State)

この用語は、病名ではありません。これは一般的な憂鬱感や抑うつ的な状態や気分を指します。ですので、うつ病、適応障害、不安障害、パニック障害、双極性障害、いずれの人もこの状態を示すこともあります。抑うつ状態は、ストレスの多い出来事や困難な生活状況に起因することがよくあります。症状の程度や持続期間はうつ病ほど重篤でない場合もありますが、適切に対処しないと、人によっては、うつ病やその他の病気に悪化する可能性もあります。

うつ症状（Depressive Symptoms）

これは憂鬱感やうつ病に関連する特定の症状を指します。うつ症状はうつ病の診断基準を満たさない場合でも現れることがあります。つまり、うつ症状を呈したからといって、うつ病の診断となるわけでありません。うつ症状は、様々な状況や他の精神的、身体的健康問題の結果として生じることがあります。

メンタルヘルス不調への治療方法と特徴

精神疾患の治療法は薬だけではありません。精神療法（カウンセリング）も内服治療と同等の効果があることが、様々な権威ある専門誌で認められています。また、休養を取る、ストレスから距離を取るということも同じくらい効果があります。

ここではそれぞれについて、簡単に紹介します。治療が必要になったときは、ぜひ主治医と相談してください。ここでは概要を捉えていきます。

薬物療法

内容と効果

薬物療法は、**精神疾患の症状をやわらげ、改善するために使用される薬による治療**

法です。抗うつ薬、抗不安薬、抗精神病薬、気分安定薬などがあります。これらは、脳内の化学物質のバランスを調整し、症状を軽減します。西洋薬のほか、漢方もあります。

多くの場合、少量から内服を始め、副作用（消化器症状やだるさ）に体が慣れてきたら投与量を増やしていく方法が取られます。

期待できること

症状の軽減やコントロール、日常生活の質の向上が期待できます。薬物療法により、他の治療法への参加が容易になることもあります。

デメリット

副作用が起こる可能性があり、中には朝起きられなくなったり、日中すごく眠くなったりするものもあり、働きながら内服を開始するのは難しい場合もあります。

また、自分に合った適切な薬剤が見つかるまでに時間がかかることもあります。コーラが好きといっても、コカコーラ、ペプシコーラ、他のコーラがあるように、抗うつ薬といってもいろいろなメーカーがいろいろな作用機序のものを製造しています。ある人にどのメーカーの薬が効くかは実際に飲んでみないとわかりません。

精神療法（心理療法・カウンセリング）

内容と効果

精神療法（心理療法・カウンセリング）は、**対話を通じて精神疾患を治療する方法**です。認知行動療法、精神分析療法、人間関係療法などがあります。患者自身が自分の考え方、感じ方、行動パターンなどを理解し、自分と上手に付き合っていくために新しい知識や技術を学びます。

興味がある方は、まずは「○○療法」とインターネットで調べてみてください。そして、書店や図書館などで、そのキーワードで2、3冊の本を読んでみると、どのようなものなのか理解できるでしょう。分厚い専門書ではなく、ビジネス書のような一般書で、異なる著者が書いたものを読んでみることをおすすめします。

期待できること

自己理解の向上、ストレスや対人関係の問題への対処能力が向上することが期待できます。

個人的には認知行動療法は復職後の再発防止、再休職防止にとてもよく有効だと感じます。

デメリット

自分の感情と向き合うことは、時に感情的な苦痛を伴う場合があります。また、治療には時間がかかり、即効性は期待できないことが多いです。うなだれて入室した人が、1回のカウンセリングを受けたあとにスキップして部屋を出ていく、ということはありません。

休養（ストレス回避）

内容と効果

ストレスの多い環境から距離を置き、リラックスして心身の回復を図る時間を持つことです。働く人にとっては、休職がまさにこれにあたります。

休養とは、ストレス源から距離を取る以外に、十分な睡眠を取る、趣味に没頭する、瞑想やヨガを行う、旅行なども含まれます。

自分が普段暮らしている街、会社のある街から距離を取ることで、気持ちが楽になることもあります（遠隔療法）。実家に帰ったり、留学経験のある人はその街に行ったりすることで、再び元気になるケースもあります。

休職中は、主治医の許可があれば、旅行に行ってもいいでしょう。ただし、職場で働いている人たちへの配慮（SNSには投稿しないなど）が必要です。そうすることで復職後、周囲からの協力やサポートも得られやすくなります。

期待できること

ストレスレベルの低下、心身の回復、生活の質の向上が期待できます。また、症状の悪化や再発を防ぐ助けにもなります。

デメリット

長期的にストレスを完全に避けることは難しい場合があります。一旦心身が回復してきたら、カウンセリングなどでストレスへの対処技術を学ぶことも大切です。また、過度の休養は社会からの隔絶感を引き起こしたり、復職しにくくなったりすることがあります。

適応障害の場合は特に、休職してストレス源である職場から距離を取ることで、症状が回復し元気になります。ただし、それだけで復職すると、ストレス原因が変わっていない限り、数か月後にまた休職になります。元気になってから、認知行動療法や振り返りなどを行い、同じ職場に帰っても再発しない思考回路のコツなどを身につけることが大切です。

これらの治療法は、それぞれが有効な場合もありますが、一般的には組み合わせて使用されることが多いです。重要なのは、個々の患者に合わせて、最適な治療計画を立てることです。その点では、医師だけのクリニックよりも、カウンセラーが在籍している施設のほうが、選択できる治療に幅があるのでおすすめです。

その他の治療法

まず挙げられるのは、いわゆる東洋医学的な治療です。漢方薬は薬物療法に含まれますが、他に、鍼やお灸があります。

興味がある方はぜひお試しください。ある程度の期間を試してから、自分で効果を判定してください。個人的には、効く人には効くという印象です。

自由診療の領域になりますが、TMS療法（反復経頭蓋磁気刺激法）といって、磁気を利用して脳を刺激する治療があります。産業医として積極的には推奨しません。理由としては、効果が不明なのと、自由診療のため費用が高額なことが挙げられます。また、まずは30回など回数をやらなければ効果判定できないと言われ、最初にうん十万の支払いを求められたという社員の声も届いているので、私としては第一の選択肢だとは思いません。

その他、自己ブランド（クリニック特製）のサプリメントや、それを含む栄養療法（指導）、アーユルヴェーダなどいろいろあります。どのような治療を選択するかは患者さんの自由ですので止めはしません。ただ、個人的には、自分の身内にはすすめることはないでしょう。

医者に相談する前に整理しておきたい治療についての考え方

メンタルヘルス不調を改善するために専門家に相談しようと決めたとき、多くの人は医者探しを始めます。しかし、その前に必ず、医者や薬に対する自分の価値観を確認しておきましょう。

その価値観を大切にしてください。そして、その価値観を尊重してくれる医者を見つけてください。

あなたは風邪をひいたときにすぐに薬を飲みますか？　すぐにお医者さんに行くタイプですか？

すぐに近所の医者に行き、薬をもらい、それを飲むという人もいます。中には医者には行かないけれど、市販薬を飲むという人もいます。もしくは医者にも行かないし、市販薬も飲まないで、なるべく自己治癒力で治すという価値観の人もいます。いずれも正解です。それが、その人その人の価値観ですから、尊重されるべきでしょう。

では、これがメンタルクリニックとなったときはどうでしょうか。

私の経験では、風邪をひいて内科に行くときと答えが変わってくる人がそれなりにいらっしゃいます。

内科に行くのはいいけれど、メンタルクリニックには行きたくない。メンタルクリニックに行ってうつ病の診断をもらいたくない。メンタルクリニックに行ってもいいけど、薬は飲みたくない。睡眠薬なら飲むけれど、抗うつ薬とか睡眠薬以上の薬は飲みたくない——など。これはそれぞれの価値観ですので、すべてが正解と言えるでしょう。

ただ、せっかく医者にかかったのに、処方された薬を飲んでいるふりして飲まないのでは、意味がありません。時間と費用の無駄です。自分の薬に対する価値観を伝えることができる雰囲気の先生、そして、その価値観を尊重した治療を考えてくれる先生を選ぶようにしてください。

「いい医者」の見つけ方

自分に合ったお医者さんはどのように見つけられるのでしょうか。ここではそのような疑問に答えたいと思います。

●メンタルクリニックの「いい医者」とは相性の良さ

いざ医療機関にかかることは決心しました。では実際、どのようにかかればいいのでしょうか。まず大切なのは、かかる医療機関の探し方です。

一般的な精神疾患の場合、私は大学病院のような大きい病院よりは、街のクリニックをおすすめしています。かかるべき科は心療内科か精神科でしょう。

どこのクリニックがいいか、どの先生がいいかとよく聞かれますが、なかなか難しい質問です。なぜなら精神疾患の診療は医者と患者さんの相性がとても大切だからです。良い先生というのは、たとえば10人の患者さんを診た場合、8、9人が良い先生だと感じます。一方で、多くの人があまり良くない先生だと思っても、数人の患者さんは良い先生だと感じることもあります。これが患者と医者の相性です。

相性が大切なので、インターネットの口コミもあなたにとっては違う見解になることもあるでしょう。

メンタルクリニックへ行くのもほとんどの人は初めての経験なので、何をもって良い医者なのか判断することができません。そのいい医者の探し方のおすすめの方法を紹介します。

2つのメンタルクリニックを受診して比較する

あなたにとってお気に入りのレストランやホテルがあるように、あなたが気に入るメンタルクリニックや先生は必ずいます。ただし、最初に行ったところが必ずしもそうなるとは限りません。

たとえば、ホテルやレストランの場合、いくつか行ってみて初めて、どこがいいかわかるようになった経験はないでしょうか。メンタルクリニックも同じです。いくつか行くことで、自分に合うところがどこなのかわかるようになります。

2つの医療機関を受診すれば、きっとどちらの先生のほうがベターな先生か、自分に合う先生かわかります。そして自分に合うと思う先生のほうに今後は通えばいいのです。この2か所を受診する時間的・精神的余裕を持つためには、ある程度自分自身に元気がある状態、余裕がある状態のうちにメンタルクリニックを探し、通院を始めたほうがいいです。これは早期治療開始以上に大切です。

人気のあるホテルやレストランと同じように、人気のあるメンタルクリニックは、予約は2、3週間先ということがざらにあります。そこで諦めずに、ぜひそのクリニックを予約してください。ただし、2、3週間先ではちょっと心配ですので、もう一軒探しましょう。そしてなるべく早めに受診できるところをもう一つ行ってみるのです。

2つのクリニックを受診してみる。ぜひ、覚えておいてください。

2つのクリニックを受診するときに大切なのは、先に述べたように、薬などに対する自分の価値観を伝えることです。それを尊重してくれる医者を選ぶことです。

クリニックの場所と診療時間も重要な要素

診療方針や相性以外にも、選ぶ基準が2つあります。

1つ目はクリニックの場所があなたの家から通いやすいということ。クリニックの場所が会社の近くにありすぎると、仮に休職になったときや転職したあと通いにくくなります。かといって、あなたの家の近くにありすぎても、クリニックに通う多くの患者が、あなたの会社の人たちの属性とは違うかもしれません。そのため、自分の家から通いやすく、そこから会社の方向に向かったターミナル駅などで探すことをおすすめします。

2つ目はクリニックの診療時間です。自分の会社の就業時間を考えて、働きながら通院可能な医者を選ぶようにしましょう。平日は何時まで受付をしてくれているのか、土日特に土曜日の診察時間はどうか、診療は予約制か、そういったことも確認してください。

過去の経験から、おすすめしたい基準は、**休職している間は平日のすいている時間に通えて、働き出してからは、平日は夕方、もしくは土曜日などに通える先生、クリニックです。**

こうなると、やはり複数の曜日に診療をしている先生となるので、クリニックの場合は、そこの院長先生、もしくは常勤の先生となります。クリニックのホームページを見て、診療時間などの項目にある、担当医が1週間のうち何回外来をやっているかも確認しましょう。院長先生や常勤の先生であれば、複数の曜日にいるはずです。

あなたの調子が悪くなった際に、いつでも見てもらえる可能性が高いのは、やはり診察日が多い先生、つまり院長か常勤医です。また、働きながら通院する場合、週1回勤務の先生では、その診察日が忙しいなどの理由で受診できないと、さらに1週間待つことになりかねません。そのため、院長先生か常勤の先生を選ぶことをおすすめします。

実際にクリニックを探す方法で一番いいのは、**メンタルクリニックにかかった友人に教えてもらうことと、会社の人事、カウンセラー、産業医にどこか推薦がないか教えてもらうこと**です。きっと今まで社員が通っていて、良いと思ったところを教えてくれると思います。必ず複数教えてもらってください。そのなかから2つ以上を受診するといいでしょう。

◎メンタルヘルスの専門家を選ぶ

メンタルヘルスの病気にかかっている場合、メンタルヘルスの専門家にかかるべきです。日本の法律では、クリニック開業にあたり表記する診療科は3つまで自由に選べます。極端な話、私が開業するときに、麻酔科、婦人科、整形外科と書くこともできるのです。

そのため、クリニック名に「メンタル」や「心」など、そういった関連の名前があったからといって、また、「メンタルヘルスの病気に対応します」と書いてあるからといって、必ずしもその先生がメンタルヘルスの専門家とは限らないのです。

何を持って専門家とするかは議論の余地はありますが、**私はざっくりと、精神科専門医か心療内科専門医であることを一つの判断軸としています。**クリニックのホームページで医師紹介、医師挨拶の部分でご確認ください。なお、**診療する医者の名前や紹介がないクリニックは選ばないほうが無難です。**

もちろん、それぞれの専門医でもよくない先生、専門医を持っていないけれども良い先生はいるでしょう。しかし、**専門医を持っている先生のほうが、たくさんの患者さんを見てきた（症例経験が豊富）場合がほとんどです。**また、私自身、自分の家族がメンタルヘルスの病気を患ったとしたら、それぞれの専門家に診てもらいます。

ご注意いただきたいのが、インターネットで検索して安易に行くクリニックを一つだけ決めてしまうことです。**「地名＋メンタルクリニック」と入力して上位に出てきたクリニックが、必ずしも人気があるクリニック、良いクリニックとは限りません。単に検索対策がなされて上位に表示されているだけのところも多々あります。**

クリニックのホームページを見るときは、そこに院長や担当医の顔と名前や挨拶が出ているか注意して見てください。特に院長先生の診療方針に関する挨拶があるかどうかは、大切にしてください。いずれもちゃんと載っているところは安心できます。

迷ったときは自分の感覚を信じる

2つのクリニックを行くなかで、どちらか一方に決められないとき、どのように選べばいいのでしょうか。

これは直感、フィーリングが一番です。**大切なのは診療が終わったときにあなた自身が救われた、ほっとした、来てよかったという感情を持てたかどうか**です。また、あなたが薬を飲みたいのか飲みたくないのか、西洋薬は嫌だけど漢方ならいいのかなど、**あなたの大切にしたい価値観に寄り添ってくれたかどうか**です。

実際に受診したときは、「産業医にメンタルクリニックに行くように言われました」「友達に最近、顔色が悪いからメンタルクリニックに行ったほうがいいと言われました」と話を進めていただければ、あとは先生がリードしてくれるでしょう。

あなたに合う先生、つまりあなたにとっての名医はちゃんといます。今はただ出会っていないだけです。しっかり見つけてください。

休職するか迷ったときに おさえておきたいこと

もしあなたがメンタルヘルス不調で、症状が悪すぎて休職すべきか迷っているが、なるべく休職したくないとしたら、そのときに考えてほしいことがあります。

●休職を選択する前に「5枚のカード（選択肢）」を順に使う

どの段階になったら休職を選択すべきか、5枚のカードで考える方法を私はいつも取っています。

あなたは次の5つカード（選択肢）を持っています。メンタルヘルス不調になったらすぐに休職するということではありません。手持ちのカードを順に使っていき、そのカードが尽きたときは、休職をしなければいけないタイミングになります。

❶まずは通院を開始するカード（通院開始カード）
❷内服治療を開始するカード（内服開始カード）
❸違う薬を試してみる（薬を追加、薬を変更）カード（内服変更・追加カード）
❹業務を減らしてもらう、就業制限をかけてもらうなどのカード（職場で配慮開始カード）
❺精神療法（カウンセリング）を開始するカード（カウンセリングカード）

たとえば、すでに通院し、睡眠薬を飲んでいるのであれば、❶と❷のカードはもう使ってしまっているので、残りは3枚になります。

それぞれのカードで様子を見る期間は、それぞれ2～4週間です。睡眠薬を開始したけれど、1か月たっても症状の改善が見られない、もしくは悪化するようなときは、次のカードを切る必要があります。そして、主治医の判断によっては違う薬を試すというカードも有効でしょう。まだやっていないのであれば、薬だけでなくカウンセリング等の治療を選択することもできます。会社に状況を説明し、業務負担を減らしてもらったり、就業制限をかけるというカードを使ったりするのもいいでしょう。このようにやっていって**5枚のカード全部を使っても良くならない場合、そのときはもう**

休職しか切るカードがありません。

休職を嫌がる人にしっかり納得して休職を開始してもらうためには、産業医面談を定期的に行い、先述のカードの考えに基づいてお話ししながら2〜3か月かかるというのが私の経験です。

パフォーマンスを発揮できているかどうかも判断基準

もしあなたがメンタルヘルス不調で休職すべきか迷っているとしたら、自分の仕事の効率、パフォーマンスについて考えてみましょう。

メンタルヘルス不調のせいで、仕事のパフォーマンスや出来具合は落ちていることが多いでしょう。

もし、**病気のせいでパフォーマンスが上がっていないと思うのであれば休むべきです。**休んで治療に専念すべきです。プロのスポーツ選手は、怪我をして結果が出せないのであれば、しっかりと怪我を治し、結果を出せる体に作り直してから戻ってきます。働くあなたも給料をもらっているわけですから、プロと同じように考えることができます。

また、上司や部門長としては、そのままパフォーマンスの低さを放置していいわけはありません。あなたの仕事を減らした分、同僚たちの負担は増えています。**同僚たちがいっぱいいっぱいになっていないでしょうか。不満がたまってきてはいないでしょうか。あなた自身が上司だったらどうするでしょうか。**

私の産業医面談では、さらにその先の話もしています。

このまま働き続けたとして、あなたの体調はどうでしょうか。どこかで良くなる兆しはありますか。

悪くなる可能性のほうが高いでしょう。**休職開始を先延ばしすると、元気になるのにかかる期間は指数関数的に増えます。**早い休職が、結局は早く元通りに働けるようになります。

また、仮にこの時点で転職活動を始めても、体調の悪いときに面接官の前で良い自分をちゃんと演出できるでしょうか。転職活動の面接で最高の自分を出せるでしょうか。

そうです。実は休職をして体調を治すというのは、今の会社でのパフォーマンスを上げるため、自分の評価を守るため、というだけではありません。**転職活動をする場合であっても、自分を良く見せるための休職でもあるのです。**

今の時代、1つの会社に定年までずっと勤めることはないでしょう。**大切なのはあなたがたとえば半年後もしくは1年後に、元気に働けていること**です。それが今の会社だろうと他の会社だろうと、それよりも優先順位を高くしなければいけないのは元気で働けているということです。

そう考えてみると、働き続けてローパフォーマーとなってしまう、働き続けて体調がもっと悪化して転職活動のときにいい自分を出せなくなってしまうよりは、もうここまで来たら休職したほうがいいでしょう。

社内のキャリアに傷はつくのか

精神疾患はあくまでも病気です。高血圧や糖尿病、がんのように、一定の人数の大人がいれば、一定の人数の精神疾患を患う人がいて当然です。高血圧や糖尿病の人を仕事で差別しないように、精神疾患によって差別されることがあってはなりません。一昔前よりもそのような意識は多くの会社に根付いてきていると感じます。

私のクライエントにおいての話であれば、この質問に対する答えは「**短期的には影響はあるが、長期的には問題ない**」となります。

キャリアに傷というわけではありませんが、短期的には、休職明けすぐの社内異動は厳しいでしょう。

休職明けに社内異動を希望する方がたまにいらっしゃいます。しかし、異動は本人の希望だけで叶えられるものではありません。そのタイミングで、異動先があるかどうかも大切ですが、異動希望先の部署が復職した人を欲しがるかどうかということが最も大切です。

正直なところ、**休職していた人を復職と同時に採用するのはリスクと考える人のほうが多いと言えます。**私の経験では、復職後1年間しっかりと元の部署で働き、継続的に以前と同等レベルの仕事ができることを証明することが、社内異動へのまず一歩となると言えます。

社歴が長く、すでにその人の人柄や仕事の出来具合を周囲が昔から知っている場合は例外です。病気さえ治れば期待できることがわかっているときは、復職後でもすぐに異動できることがあります。

長期的に考えた場合、休職したことが、働く人のキャリアにネガティブに影響することは、ほとんどないでしょう。

第一の理由として、**過去の病気のことよりも、「今のあなた」が、仕事ができる人なのか、パフォーマンスはどうなのか、そのほうがより大切**だからです。おそらく、あなたの同僚たちはあなたが復職して3か月もすれば**あなたが休職していたことを覚えていません。**あなたの上司ですら半年もすれば忘れているでしょう。1年も経てば、あなたにとっても休職したことは0・1秒以下の記憶でしかありません。つまり、誰もあなたが休職したことなど覚えていないのです。

実際に私が10年以上産業医をしている会社のなかには、休職経験のある若手社員でも、復職後順調にキャリアを伸ばし、今では管理職になっている会社も複数あります。

経験上、**多くの会社は、社員が病気になったとしても、しっかりと治療に向き合って**

いるのであれば、一度休職することには目くじらを立てることはありません。それよりも、復職してからどれくらい働けるかのほうを重視しています。

ただし、二度三度と休職するようでは、その人に仕事をどれくらい任せていいのか計算できなくなります。そのため、その部署の負担となってしまうことが多く、同じ会社では、良いキャリアはもう望めないことを否定はできません。**メンタルヘルス不調の原因が職場にあって二度三度と休職するのであれば、転職することがその人の健康のためには最適解と言えるでしょう。**

また、私はクライエント会社の人事には、休職経験のある人がその会社に残ることができるのはとても良いことであると説明しています。

第一に、メンタルヘルス不調者や休職者が、社内でのキャリアに対して絶望的な気持ちにならないからです。メンタルヘルス不調や休職経験者がその後も働けている場合、会社は休職者も治りさえすれば公平に評価してくれていることの何よりの証明になっているからです。

第二にメンタルヘルス休職を経験している人だからこそ、そのあとは職場にいる他のメンタルヘルス不調者に気づいてくれるからです。私は休職経験者たちに、「気づいたメンタルヘルス不調者を元気づける必要はない。ただ気づいているよと声をかけて、人事や産業医面談につないでほしい」とお願いしています。私の経験上、これはとても有効な社内でのケアになります。

◎転職活動は不利になってしまうのか

「休職したという事実は、転職活動のときに先方の企業にばれるのでしょうか？」

たまにこういう質問を受けます。

私の経験上、わざわざあなたの会社があなたのメンタルヘルス休職歴を次の会社に言うことはなく、積極的に同業界に知れ渡ることはありません。なぜならば、休職者が復職ではなく転職を考えたとき、多くの会社はそれを歓迎する場合が多いからです。

これは休職者が復職して同じ部署に戻ってきたら、再発するリスクが否定できないことからくる心配心です。だからこそ健康のためには、あなたが新しい環境に行ったほうがいいのではないかと、多くの人は考えます。なので、**わざわざメンタルヘルス休職の事実を新しい会社に伝え、あなたの転職活動の妨げになるようなことをするはずがありません。**

「転職する際、先方の会社には、メンタルヘルス休職の事実を言わないといけないのか？」

これもよく聞かれる質問です。

この答えは、**「あえて言う必要はない」**です。法律では病気を理由に転職を断ったり、退職を迫ったりすることは禁じられています。転職の面接のときに、「あなたはメンタル休職の過去がありますか？」という質問はまずされません。仮にそのようなことを聞いてくる会社（そのようなことを聞いている人事が働いている会社）であれば、そこはあなたが転職すべき会社ではありません。

転職理由について、あえて病気や休職のことを言わなくても、他の理由を言えばいいでしょう。

「メンタルヘルス休職する人は、転職したとしても、もう順調なキャリアアップを望めないのか？」

そんなことありません。私の経験上、メンタルヘルス休職のあと退職、転職し、その後その会社の部門長や社長にまでなった人もいます。この方の元の会社も、転職先の会社も名前を聞けば多くの人が知っている会社です。私は転職先の会社の産業医ではありませんが、きっとメンタルヘルスに理解のある上司・社風となっていることを願ってやみません。

◎お金の問題はどうしたらいいのか

休職中にお金の心配をする人はたくさんいます。お金の不安が募った結果、病状が悪化してしまう人もいます。夫婦仲が悪くなり、家族のサポートが得られなくなってしまう人もいます。ですので、私は休職者との面談で、なるべく早い時期にお金の話をします。そして、ご家族のいる方に関しては、パートナーにすぐに内容を伝えるようにもお願いしています。

ときには、休職を迷っている段階でこの話をし、本人やご家族が休職に対する不安を軽減できる（休職に入りやすくする）場合もあります。

病気のために会社を休んでいることを、私は「休職」と呼んでいますが、会社によって呼び方は様々です。病気休職、休職、傷病休職、傷病欠勤、欠勤、病気休暇、傷病休暇等々、その他にもいろいろな言い方があるようです。それぞれの頭に、有給や無給という言葉をつけている会社もあります。

私は、自分のクライエントにおいては、給料が出ている間の休職を「paid sick leave」、給料が出なくなった期間を「unpaid sick leave」と呼んでいます。多くの就業規則では、この両方の期間を休んでも病気から回復せず、復職できないときは自然退職になると定められています。

給料と傷病手当

会社の就業規則には、「勤続X年の人は病気によりYか月の paid sick leave、Zか月の unpaid sick leave が取得可能」などの記載があります。**休職可能な期間については会社によってまったく違うので、休職に入ったら文面で会社に確認するようにしましょう。そして、それをあなたの主治医や家族にも伝えましょう。**

給料が出る休職期間 paid sick leave は、毎月の給料日に給料の基本給があなたの銀行口座に振り込まれます。給料が出なくなる（unpaid sick leave）と健康保険組合に傷病手当を申請できるようになります。

傷病手当は、保険組合からの病気で働けない人のための給与所得補償のようなものです。しかし、注意が必要です。まず傷病手当は多くの場合、基本給の6〜7割程度の支給です。健康保険組合によってはさらに最高額いくらまでという制限があるところもあります。これも休職となったら、しっかりと確認しましょう。保険組合のホームページ等に書いてあることが多いです。

傷病手当のもう一つの注意事項は、振り込まれるまでにかなりのタイムラグがあるということです。たとえば、3月の途中から給料が出なくなった場合、3月分の傷病手当を申請できるのは4月以降となります。傷病手当の書類には本人が書く欄、主治医が書く欄、そして会社が書く欄があります。その三者の記入したものを保険組合に提出となります。そのため、関係者全員に書いてもらい提出するまでに数週間、場合によっては1か月以上かかります。保険組合もそれなりに忙しいようで、多くの場合、あなたの会社ほどスピーディーに事務処理は進みません。

合計すると給料よりも2、3か月遅れて振り込まれるケースが多いようです。つまり、**給与が支払われなくなり傷病手当が振り込まれるまでに、場合によっては数か月間、無収入になる期間があります。**その分の出費に備えておく必要があります。ご家族がいる人には、家族にもこのことを話しておきましょう。

なお、傷病手当は、多くの保険組合では最高18か月までもらえます。ですから、病気が治らず復職できず、自然退職になったとしても、健康保険組合を任意継続すれば、退職後も18か月までは続けてもらうことができることが多いです。保険組合に確認することを忘れないようにしましょう。

注意すべき社会保険料等の支払い税金

もう一つ注意しなければならないのは税金についてです。会社から給与が出ている間は、あなたに支払われる前に所得税や社会保険税等が引かれています。傷病手当の場合、事前に引かれることはあまりないので、あなた自身が**毎月社会保険料等を振り込まなければいけません。**なお、社会保険料等の税金はあなたの前の年の所得で決まるので、金額はある程度計算できます。必ず確認しておきましょう。

お金の問題、特にこの税金の問題は、休職者と会社が揉めることになる原因の一つです。時には休職社員が会社に不平不満を爆発させて労基署や弁護士に出向く場合もあります。しかし、それでは何も解決しません。ですので、両者が正しい知識を持っておくことが大切です。

長期団体保険や所得補償保険

休職に関する保障として、長期団体保険や所得補償保険等の名称の保険に入っている会社もあります。それぞれの内容は、契約によって違いが多くあります。手厚いところであれば、傷病手当で6〜7割しかもらえないところの足りない分、3〜4割を補償してくれるものもあります。

一方、傷病手当が出ている間は一切受け取れない種類の保険もあります。補償期間についても様々です。たとえば、身体的な疾患で働けないのであれば、60歳や65歳の定年の年齢まで一定額を受け取ることができるような補償内容もあります。一方、そのようなものがついていない保険もあります。しっかりと会社に確認しましょう。

多くの団体、**長期障害所得補償制度の保険においては、精神疾患と身体疾患で補償内容が異なっていることが多い**です。精神疾患の場合、補償は2年間ほどで終わるものが多いようですので、精神疾患による休職で、長期間お金で安心できると安易に考えないようにしましょう。

有給休暇の具体的な事例

有給休暇は、勤続年数に応じて年間に何日間か有給で休めるという会社の制度です。

休職になったときに、**この有給休暇をどのように取れるかは就業規則では書かれていないことが多い**です。一方で、**会社それぞれの慣習として決まっていることがほとんど**なので、この扱いについても休職になったときは会社に確認しておきましょう。

私のクライエントでのパターンをお伝えします。

まず病気で仕事ができない人に対して、有給休暇は一切許可しないという会社もあります。なぜならば、その人は病気のためにまずは sick leave をするべきだというスタンスによります。一見厳しいように聞こえますが、復職後、体調管理のために有給休暇を使って休むことができるメリットがあります。

sick leave の開始の前に有給休暇を使わせる会社もあります。先に紹介した会社よりも、給料をもらえる期間が長くなるメリットがあります。一方で、復職後新たな有給が付与されない限り、休めない、もしくは休んだ場合は無給になってしまうというデメリットもありますので一長一短だと思います。

sick leave 開始のときには使えないが unpaid sick leave を開始する前、つまり給料がなくなってしまうときには有給休暇を使えるとする会社もあります。

どのパターンが一番良いかは正直なところわかりませんが、すでにあなたが所属する会社のやり方が決まっているはずです。なので、これについても休職になったら会社に確認するようにしましょう。

ケース紹介

症状発症から休職開始まで、真摯に自分と向き合った例

1回目の産業医面談

症例は42歳男性のAさんです。

産業医面談に初めて来たのは彼が入社して2年ぐらい経ってからでした。6月ごろより頭痛が出始めた。自分が担当するプレゼンテーションの1週間前から頭痛が続くようになった。最初は発表が終わると頭痛は落ち着いていたが、その後も頭痛が続くようになった。産業医面談に来たきっかけは、2週間前から頭痛だけでなく、めまいが出るようになったからということでした。

仕事中に頭痛やめまいを感じたときは頑張ってトイレに行って個室で座っているとしばらくすると治るとのことでした。また時によっては市販薬を飲んで対処しているとおっしゃっていました。

最近は毎日頭痛があり、めまいは3日に1回ぐらいになっているということでした。特にめまいは座っていても起こるとのことです。なお同時に吐き気等はなく、脳内の問題は除外できそうな印象でした。

仕事はたいてい夕方18時ぐらいには終わり、睡眠については、だいたい12時から1時ぐらいに布団に入るものの、なかなか寝付けないとのこと。寝たとしても3時から4時に1回目覚めてしまう。その後は1、2時間ごとに目が覚めている感じで、最終的に朝は6時半に家族全員が起きる生活とのことでした。いつぐらいから睡眠が悪くなったのかと聞いてみると、実は頭痛を自覚するもっと前、春先ぐらいから、睡眠はおかしかったと答えてくれました。特に最近は寝ている間、変な仕事の夢を見るようになったともおっしゃっていました。

医者に通っているか確認したところ、医者には行っていないとの返事でした。休暇を取ってもこの症状が続くなら医者に行こうと思っていると。産業医面談に来た理由は、行くべき医者は何科なのか知りたかったからでした。

自分が担当するプレゼンテーション以外に何か仕事上もしくはプライベートでストレスを感じることがあるかと聞いてみると、入社したときとメンバーの構成がだいぶ変わり、この1年間は、周りが自分より年下ばかりだとおっしゃいました。そのため、なかなかチームに溶け込めていないように感じてしまうとのことでした。その理由は彼がコロナ禍で入社して、この2年間のほとんどを在宅勤務で働いていたことも影響しているようでした。

頭痛は出社勤務しているときのほうが出現しやすいとも自覚していました。仕事を前ほどは楽しめていない。おそらく仕事の成果も前ほどは出ていない。チームに自分はいる価値はあるのだろうか、ここにいる意味はあるのだろうか。そんなことが気になってしょうがないようでした。また、直前のプレゼンテーションは、うまくできなかったとも嘆いていました。実際に彼の上司からあまり良くなかったと指摘を受けたとのことでした。

前職を聞いてみると、同業他社で10年間働いていた経歴でした。ですので、おそらく、この業務に慣れていないということはないと思われました。

一方、入社後子どもが生まれ、3か月間育児休暇を取ったともおっしゃっていました。また、春ごろには転職活動を少ししたものの、ご縁をもらえる前に仕事が忙しくなり中断しているとのことでした。

最終的に私は、彼に「今の症状は医者に行って検査したほうがいい」とお伝えしました。行くべき科としては頭痛があるので脳神経外科、めまいがあるので耳鼻科。そしてもう一つ、メンタルクリニックのこの3つが必要なのではないかと伝えました。そして脳神経外科や耳鼻科で異常がなければ、メンタルヘルスの状態からいずれの症状が出てきていることになると思うとも伝えました。あわせて会社のカウンセリングサービスをおすすめしましたが、それは丁寧に断られてしまいました。

なお、この社員は数か月前に人間ドックを受診していましたが、いずれも異常なしでした。

私はこの社員との次の面談を1か月後では心配だったため、2週間後としました。

2回目の産業医面談

2回目の面談では、数日前に心療内科にかかったことを教えてくれました。そこでは2つの薬が処方されました。睡眠薬と抗うつ薬でした。しかし、まだ飲んでないとも教えてくれました。

脳神経外科と耳鼻科も受診をして検査が進んでいるとのことでした。そして今のところ異常は見つかっていないということでした。

頭痛もめまいもまだあること、しかし市販薬を飲めばなんとかなっていることも教えてくれました。やはり在宅勤務の日よりも出社勤務しているときのほうが多く頭痛が出現するとのこと。特に出社すると午前中よりも午後夕方になるほど頭痛がひどくなってくるとおっしゃっていました。この2週間は毎日出社勤務しているとのことでした。出社するほうが業務効率は良いが、頭痛が出ることが一番の悩みとのことでした。

睡眠については、前回面談した時と同じように寝付きにくいし、夜中に何度も起きてしまう状態が続いていました。が、睡眠薬は飲んでいませんでした。

処方された薬を飲まない理由を聞いてみると、「やっぱり怖い」とのこと。特に、平日に飲んで次の日に仕事ができなくなるのではないかということが心配だとおっしゃっていました。

そこで、内服することによる仕事への影響が怖いのであれば、いっそのこと主治医と休職をすることを相談してみてはと提案しました。

しかし、休職なんてもってのほかだと言われてしまいました。

私は彼に、症状は前回の面談のときと比べて改善したとは思えない状況であること、明らかな悪化はないけれども、同じ程度の症状があるのではないかと私の目には映っていることを伝えました。また、「おそらく薬を飲まない場合は、この症状が先々改善する見込みよりもずっと横ばいか、次第に悪化する可能性のほうが高いのではないかと心配している」ことも伝えました。そうすると最終的には、休職になってしまう可能性があることもお伝えしました。

そうならないために、「少なくとも睡眠だけは取れるようにしないといけない。そのために、ぜひ週末からでいいから睡眠薬を試してほしい。毎日飲む必要はないから、寝れなかった日の翌日は飲む、などの飲み方でいいから試してほしい」ことをお願いしました。

毎日必ずしも飲む必要がないと聞いて、Aさんは少し睡眠薬を使ってみる気持ちになったようでした。

次の産業医面談は3週間後、ちょうど彼がお盆休みに入る1週間前としました。

3回目の産業医面談

3回目の面談では、彼は上司との1on1ミーティングで自分の体調が悪いことを説明したところ、上司が業務負担を減らしてくれたと教えてくれました。そして今は、週2回の在宅勤務をしているとのことでした。出社したほうが業務効率ははかどるが、在宅勤務のほうが頭痛が出にくくて、体調は良いと教えてくれました。

また、脳神経外科と耳鼻科では特に検査では異常は見つからなかったとのことでした。

睡眠薬は結局週4回ぐらい飲んでいるとのことでした。アドバイスに従いうまく眠れなかった翌日は24時に布団に入るときに飲むと、睡眠薬を飲んだ日のほうが夜中に起きてももう一度寝付きやすいと感じている。朝は同じく6時半に起きていて、睡眠薬を飲んだから朝起きれないということはないとのことでした。

最近は、出社すると出る頭痛に、市販薬がもう効かなくなってきたとのことでした。しかし、脳神経外科でもらった頭痛薬が今は効いているとのことでした。

3回目の面談での私の彼の評価は、次のようなものでした。

良い点としては、上司に状況説明ができて、業務負担が減ったこと。また睡眠薬内服開始により、睡眠は改善していること。懸念される点としては、頭痛は市販薬が効かなくなり、処方薬が効いているが、症状としては軽減しておらず、むしろ悪化している印象である。また、在宅勤務時と出社勤務時での症状が違うことから、やはり職場や仕事に対する気持ちが、ストレスの原因だろうとも思われました。

Aさんもそれは納得のようでした。

Aさんには、もうすぐお盆休みなので、それまではこのままでも大丈夫だろう、しかしそれ以降、年末年始の休みまでは時間があるため、その間に病状が悪化して、休職することをとても心配しているとお伝えしました。

そこで可能であれば心療内科で処方されたもう一つの薬抗うつ剤の内服を考えてみることをお願いしました。お盆休み明け直後に面談してもあまり意味がないと思ったため、次の面談は１か月としました。

４回目の産業医面談

４回目の面談に来たとき、Aさんはすでに抗うつ剤の内服を始めてくれていました。聞いてみると、お盆休み中は睡眠薬を飲めば眠れる、頭痛もある程度抑えられていた状態だったようです。一方で、お盆が明けて働き出すと、睡眠薬を飲まなければ眠れず、そして頭痛も程度がひどくなってきたようです。そのことを奥様と相談すると、休職するか抗うつ薬を飲むかどちらかしかないのではないかと言われた。しかし、休職はどうしても嫌なので、抗うつ薬を飲み始めたとのことでした。

体調について伺うと、「良くはなっていない」という答えが返ってきました。睡眠薬を毎日飲んでいて、休暇前よりはよく寝ている。しかし完全に良い睡眠が取れているとは、まったく思えないこと。出社してから頭痛が来るのではなく、もう日常的にうっすらと頭痛がある気がすること。仕事もだんだんと手がつけられなくなってきているように感じていることなどを教えてくれました。

心療内科の先生の診察で、抗うつ薬が増量され、抗不安薬も追加されたとも教えてくれました。

また、上司からは、いつまで業務量を減らしたほうがいいのかと聞かれたとも教えてくれました。おそらく、上司は決して今の就業制限を早くやめたいという意味で聞いたのではないと思います。しかしこのとき、もうAさんは自己肯定感が低下していたようで、上司の気遣いの言葉も「早く就業制限を解除して一人前に働いてほしい」としか理解できなかったと思われます。

今までの経過をまとめてみると、症状があって産業面談を受診。その後治療として、睡眠薬抗うつ薬などを開始。業務負担も軽減してもらい、内服薬も増量や追加もあったという状態です。しかし、改善した症状もあるものの、依然として残る症状もあり、症状によっては程度がひどくなっている状態でした。お盆休みが終わってしまい、今後はしばらくまとまった休みがないこともわかりました。

私はAさんに働き続けた場合の3つの可能性についてお伝えしました。

1つ目は、このまま休職せずに働き続けても、どんどん症状が悪くなってしまい業務がますます手につかなくなること。おそらくパフォーマンスも悪くなるだろうと心配していると、産業医として感じていることをお伝えしました。

2つ目として、このまま働き続けたとしても、おそらく年末の業務評価はあまり良くないのではないかということ。そうすると結局、この会社でのキャリアがあまりポジティブには考えられない状態になってしまうのではないか。

3つ目として、このままこの会社で働き続け、転職活動を続けたとしても、おそらく症状の悪化に伴い、転職活動の面接で良い自分を出せない状態になってしまうだろうと危惧すること。

一方、一旦休職すれば、ある程度休めば元気になり、そこであらためてこの会社で復職するのか、それとも外へ可能性を求めるのかを考えても良いのではないか。おそらくその頃（休職してから）のほうが転職活動で良い自分が出せるのではないかと感じていることをお伝えしました。

産業医として、休職をすることを真剣に考えてほしい、奥様とも相談するようにお願いしました。するとAさんは、主治医にも休職を考えるように言われたということを打ち明けてくれました。

なお、Aさんはカウンセリングには効果を感じない印象を持っているので、受けたくないという気持ちはずっと変わりませんでした。また本人は主治医としっかり話せていること、そして産業医ともしっかり話せているため、特に自分の状態に対してカウンセリングは必要ではないと判断しているようでした。

次の産業面談は1か月後にしましたが、何か状況の変化があればすぐに産業面談に来るようにお願いもしました。

5回目の産業医面談

5回目の面談はその1週間後でした。

業務負担を減らされていたAさんですが、チームメンバーの一人が新型コロナ感染症で急遽休みに入ったため、上司から少し任せていいか聞かれ「（Noと言えず）Yes」と答えた結果、少し業務負担が増えることになったようです。冷静に考えてみれば、今回増える業務負担量はたいした量ではなく、いつものAさんであれば問題なくこなせるはずの量でした。しかし、Aさんは、なぜかまったくこなせなかったとのことです。自分の不甲斐なさにショックを受け落ち込み、その結果、睡眠薬を飲んでもあまり眠れなくなってしまった。変な夢をまたしょっちゅう見るようになった。頭痛は処方された頭痛薬を飲んでもすぐにまたやってきてしまう状態になっていました。

「奥さんには何のためにそこまでして働くのかと言われてしまった。自分自身もうどうしたらいいのかわからない。思考が回っていないような気がする。そこで産業医面談に申し込んだ」とのことでした。
業務負担の増加をこなせなかった自分に、ついに心が折れてしまったようでした。

Aさんには、もう十分頑張ったこと、翌日からもう休んでいいということ、そして次回の主治医の受診のときに、休職の診断書をもらってくるようにお願いしました。今回はAさんもそれに従ってくれました。

転職活動についてはどのような状態なのか聞いてみると、産業医面談を始めてから、元気がなく転職活動はできていないことを教えてくれました。

私はAさんにしばらくは転職活動は考えずにまずは休むことをお願いしました。Aさんも今自分がどうしたいのかはまったくわからないので、しばらくはもう休むことに専念したいと思ってくれているようで納得してくれました。

Aさんには休職を始めたときの注意事項等のお話をしたあと、次の面談は1か月後にTeamsで行うことを約束して、5回目の産業面談は終わりました。

会社にはAさんが休職に入ることを伝えました。

Chapter 2.

休職前半

じっくりと休む
＋
好きなことをする

休職期間の3つの時期

私は、メンタルヘルス休職をしている人たちとの産業面談を月1回、積極的に行っています。「最近の調子はどうですか」という言葉で始まる産業医面談です。休職している社員の生活の様子を聞いたり治療状況（通院頻度、内服薬など）を確認したりし、今どのような時期にあるのかと推測してから、そのときに必要なことをヒアリングし、提案しています。

休職している社員には、大きく分けて3つの時期があります。3つの時期には明確な基準があるわけでありません。あくまで「今はこの時期なんだな」「この時期とこの時期の移行中だな」と、状況を整理するために捉えるためのものです。

休職期間の3つの時期

休息期　時期［休職直後から1か月〜3か月程度］

しっかり休んでエネルギーを充電する

□思いっきりダラダラする

□寝たいだけ寝て、食べたいときに食べたいものを食べる。

□朝のアラームはつけない

…など

回復期　時期［睡眠が改善してきて、何かやりたくなってきたタイミング］

好きなことを中心に生活をする

□趣味や好きなことをする

□まだ図書館通いを始めない

□眠たければ昼寝はしていい

…など

復職準備期　時期［9時から18時の半分程度を活動をして過ごせるようになってきた頃から］

復職に向けてココロとカラダの準備を始める

□こころのワークに取り組む

□人と会う数を増やす

□通勤や日常生活のリズムをつくる

…など

寝たいだけ寝て、ダラダラしてほしい「休息期」

まず、休職したてのタイミングを**休息期**と呼んでいます。治療が始まり、内服を調整している。疲れているのに、休もうとしてもなかなか寝ることができない。家の中でソファやベッドで過ごしている時間が多い――休息期とはそのような時期です。

この頃は、休職に入ったばかりで、まだソワソワして落ち着かなかったり、日中家にいることが慣れなかったり、内服をコントロールしているため、かなり具合が悪くなることもあります。

我慢して頑張っていた時期が長かった人のなかには、休職に入り肩の力が抜けた途端、症状がもっと出てきて、休み始めたのに、調子が悪化する人もいます。そんな人は、休んでも休んでもベッドから離れられない状態が続きます。休息期は、短い人で1か月程度、長い人では3か月以上に及ぶこともあります。

この時期の人には、思いっきりダラダラすること、食べたいときに食べたいものを食べていいこと、朝起きるためのアラームをつけない生活をすることなどを伝えています。

この時期はまだ睡眠は安定していないことが多く、社員には、昼間でも眠ければ我慢せずに昼寝をすることを推奨しています。働かないでダラダラしている上に、昼寝までしてもいい。そんな自分を責めるのではなく、そんな生活する自分を許してあげようとお願いしています。こうやってしっかり休息を取ることで、空っぽになった自分のエネルギー電池を充電する期間となります。

好きなことをして元気を取り戻す「回復期」

休息期も後半になると、睡眠が改善してきて、日中起きている間に何かやり出そうと思える時期になります。この頃から、実際に日中の半分以上を何かして過ごせているようになり復職準備に取り掛かるまでが「**回復期**」です。

回復期の初期は、内服薬も定まり、少し睡眠も安定してきます。多少の睡眠障害があるものの、休職開始の時期よりも眠れる日のほうが多くなってきます。そうすると、日中気分が良いときに、少し家の中で動いたり外出してみたくなったりします。ようやく電池切れだった体に多少エネルギーが充電されてきたという印象です。

メンタルヘルス休職者は真面目すぎる人、責任感が強すぎる人が多いため、少し元気になったこの時期に、復職のために図書館通いを始める人がいます。まだまだ時期尚早です。

また、この時期に「早く復職したい」と考えて、主治医に復職の診断書を頼み込んで書いてもらう社員もたまにいます。しかし、それはあくまでも会社から離れた分元気になっただけであって、このタイミングで焦りの気持ちから復職するとまた1、2か月後には再休職するほどの体調不良になってしまいます。それまで以上に悪化する人もいます。

この時期の復職への焦りは、復職に向けた準備を開始する気持ちに切り替えていきましょう。

では、回復期はどのように過ごせばいいのでしょうか。

回復期は元気があるときは、ぜひ好きなことをして過ごすようにお願いしています。

好きなこととは、復職のために何かをするということではなく、純粋に自分がしたいからするということです。また、好きなこととは、趣味や気分転換のことです。好きなことをしている間は気分が良く、好きなことをした日は食事が美味しく食べられるようになったり、ちょっと眠りが良くなったりします。

「どのような好きなことがいいですか？」と聞かれることがありますが、好きなことは何でもいいんです。運動でも、楽器でも、手芸でも、何か熱中できることであれば何でもいいと思います。

大切なのは、復職のために何かをするという動機から行うことではなく、自然にやりたいと思うものをすることです。この、好きなことをすることを中心に日中の生活を組み立てていくと、この時期に無理に復職のために図書館通いをするよりも回復が明らかに早いです。

好きなことをやってもらうメリットはもう一つあります。

それは**気分転換や趣味を作ることで、今後復職したときに再休職になりにくくなることです。**

趣味があると気分転換になります。会社でいろいろなことがあった日も帰宅後、趣味の時間を過ごせれば会社のことを忘れたり、すっきり眠れたりします。週末に趣味に時間を使えば、1週間の気分転換になります。これは、復職後の再休職予防になります。趣味がある人のほうが、明らかにメンタルヘルス不調になる割合は少ないです。社会人になって忙しくなり時間がなくなって、いつの間にか趣味をしなくなった人も多くいるでしょう。この時期には、まずは好きなことをしていただき、趣味をいくつか作ることをお願いしています。

夜更かしなどはせずに過ごすことが大切です。朝のアラームはまだ不要です。昼寝も、したいだけしていただいてもらって構いません。日によって活動量に差があっても、この時期であれば問題ありません。

くどいですが、復職のための勉強や復職のための図書館通いはまだしてはなりません。

就業時間（およそ9時から18時）の半分以上を何か積極的に活動をして過ごせるようになるまでは、復職ということにとらわれず、こだわらず、好きなことを中心に生活するようにしましょう。

復職に向けて準備する「復職準備期」

会社の就業時間（およそ9時から18時）の半分程度を、家でぼーっとしているのではなく、何か積極的に活動をして過ごせるようになると、回復期も終了です。家事や子どもの送迎などの時間も積極的な活動時間にカウントしていただいて結構です。

そろそろ**復職に向けて、心と体の準備を始めるのが復職準備期**です。これはChapter 3.で詳しくお話しします。

休職に必要な診断書と出すタイミング

診断書とは、治療医から会社に出される公式文書です。職場のメンタルヘルス関連では、診断書の内容は社員の就業上の配慮、休職や復職など主治医の判断を会社に伝えるために提出されます。もちろん、会社側の要望で、産業医が主治医に診断書を求めることもあります。

診断書の発行手数料は保険診療ではありませんので、だいたい1回2000円から5000円ぐらいと医療機関により違いがあります。そのため、不要な診断書は書いてもらわない、書いてもらう診断書は意味のある診断書にするほうがいいでしょう。

そして大切なことですが、診断書が出たら、自分の医療記録として会社に提出前に写真を撮って保存しておきましょう。また、いずれも診断書は上司ではなく、人事に渡しましょう。そして、診断書とともに産業医面談を受けることをおすすめします。

産業医が重要視する5種類の診断書

私は産業医として様々な診断書を見てきました。大きく分けて5種類あります。

- 休職開始の診断書
- 休職を延長するという趣旨の診断書
- 復職許可の診断書
- 就業制限の診断書
- 病名を告げる診断書

そのなかで、社員が必ず会社に提出しなければならないと言える3つの診断書があります。1つ目は休職が必要だという休職開始の診断書、2つ目は休職を延長するという趣旨の診断書、そして3つ目は復職が可能であるという復職許可の診断書です。

さらに、必要に応じて主治医から会社に提出する必要がある診断書が2つあります。1つは就業制限が必要なときに、その旨を書いた診断書、もう1つは病名を告げる診断書です。

これまで、産業医面談をしていない社員が、会社にいきなり診断書を提出することがありました。特に、病名を告げる（治療中であることを告げる）だけの診断書です。

おそらく、何らかの不満を会社に持っていたり、病気でしんどすぎることを会社（上司）に理解してほしかったり（そして業務負担を減らしてほしいと思って）、切実な気持ちで提出されることが多いのだと思います。しかし、**病名や治療中であることを会社に伝えても何も変わりません。就業上の配慮が必要であれば、そのことを明記してある診断書を提出する必要があります。**

そのため、5種類の診断書のうち、病名や治療中であることを伝えるだけの診断書の提出は不要なこともあります。産業医と相談したり、目的を考えたりした上で診断書を提出するようにするといいでしょう。

職場で配慮や就業制限を求める診断書

病気のために、職場で何らかの配慮を求めるのであれば、〝配慮が必要である、就業制限が必要である〟という趣旨の診断書を書いてもらいましょう。

このときに注意してほしいことがあります。**主治医の先生は職場や就業規則を知っているわけではない、ということ**です。

時に、社員の言いなりの就業制限を求める診断書も見ることがあります。たとえば、「週3日の勤務が必要である」「半日勤務」「在宅勤務を」などと記載されている診断書です。実は、会社側は、診断書を読めば、言いなりになって書いているかどうかわかります。

これはとても危険です。

たとえば、「1日4時間までの勤務とする」のような内容の診断書を提出するとしましょう。「1日4時間のみの勤務」にするようにということは、「1日7〜8時間の就業規則通りの勤務ができない」ということです。**会社によっては、病気のため就業規則通りに働けない場合は休職、という判断をする会社もあります。**

また、在宅勤務やハイブリッド勤務は、あくまで会社の福利厚生の一環という認識の会社も多くあります。週5日間出社して働ける健康な社員が週2日在宅勤務をするのと、病気のため週2日在宅（週3出社）勤務するのは、別のものであるという考えもあります。

就業制限の内容次第で、会社によっては、「通常勤務ができないのであれば休職してください」となってしまう可能性があることに注意してください。

一方で、病気と診断され、治療を開始するにあたって、たとえば残業が多すぎるとしっかりと睡眠時間が取れない可能性があるときは、ぜひ「残業禁止」という診断書を主治医と相談して書いてもらうといいでしょう。

これはあくまで残業をしないということで、就業時間は働けるわけですから、この診断書を提出したからといって、休職しろとは言われないでしょう。

では、最適なやり方は　どうすればいいのでしょうか。

労働安全衛生管理体制や産業医が機能している会社であれば、**診断書に「配慮（就業制限）が必要である」と記載してあれば、その先は人事や産業医との面談のなかで具体的な配慮（制限）内容を決めたほうが、現実的で実行可能なものとなるでしょう。**

休職の診断書

休職の診断書とは、社員が病気のために働かずに治療に専念することを明記した診断書になります。社員（患者）の名前、主治医の名前やクリニック名は当然のこととして、休職もしくは自宅療養を要するという文言やその期間が書いてある必要があります。

病名については、本当の病名を書いてください。しかし、「うつ症状」や「うつ状態」などの状態の記載でも問題ないとされることがほとんどです。

私のクライエントにおいては、診断書は（上司ではなく）人事に提出することになっており、診断書に書いてある診断名は部署や上司には共有されません。最近はこういった個人情報の徹底がしっかりしてきています。安心して診断名を書いてもらい提出しましょう。

●診断書を書いてもらうタイミング

休職という言葉でなくても、自宅療養や治療に専念という言葉を使う先生もいます。いずれも同じ意味です。

先述のように「病名だけの診断書」は不要です。

「就業場の配慮」や「就業制限を求める診断書」は、主治医に書いてもらう前に、一度人事や産業医と面談をして、相談しましょう。わざわざ診断書がなくても配慮や制限をつけてくれる会社もあります。もしくは、当事者が働きやすくなるために、産業医から会社、人事から該当部門に説明しやすい書き方について、助言をもらうこともあります。

「休職開始の診断書」は、休職について主治医と患者社員が共に納得したときに書いてもらい、必ず速やかに会社に提出してください。その後、会社を休んでください。主治医が休職の診断書を書いても、本人が休む気がない、もしくは会社には提出しないのであれば、それはまだ休職開始のタイミングではありません。本人が納得して休職を開始しないと、治療としては意味がありません。

稀に数週間前に書かれた休職の診断書を持ってくる社員がいます。もしかすると本人は、「こんなに前から休めって主治医に言われているのに私は頑張っていたんです、もう働けません」ということを言いたいのかもしれません。しかし、会社側には「主治医に休むよう言われているのに休まなかった、自己管理ができていない人」と捉えられてしまう可能性があります。休職の診断書が出された際は必ず休職しましょう。休職する気がないときは、お金も無駄になるので、診断書の発行はまだ待ちましょう。

休職期間を継続するように提出する

たとえば、1か月間の休職という診断書が出た場合、それは1か月後から働き出すという意味ではありません。「まずは、1か月間は休職だ」という意味です。その1か月間が終わるまでの間に、おそらく最後の1、2週間のタイミングでの診察の際に、次の期間をどうするかをまた診断書で伝える必要があります。復職できそうであれば、「復職許可の診断書」を書いてもらって提出してください。もうしばらく休んだほうが良さそうであれば、休職延長の診断書を書いてもらってください。このように**診断書は必ず期間を継続するように会社に提出しましょう。**

診断書の期間は毎月でなくても大丈夫です。

たとえば3か月休職という診断書が出たあと、2か月で元気になったとします。そのとき、2か月目に復職許可という診断書を出してもらえれば、上書きする形になり、その復職可能な新しい診断書が有効となりますのでご安心ください。

休職というのは会社の制度を使って休むということです。会社の制度を使っている以上、規則に従う必要があります。有給休暇を取るときに、休暇申請書等を提出するのと同じです。あなたの具合が悪すぎて、提出ができないのであれば、家族や友人にお願いして、診断書を提出するようにしましょう。

休職していた人が元気になり、会社の求める時間を働けるようになったら、「復職可能」という文言の入った診断書を提出してください。

私のクライエントでは、復職許可の診断書が出てから実際に産業医が復職判定面談を行います。そして、主治医と産業医、両者の判断を最終的に会社が見て、判断するという手順となっています。なお、復職の診断書の際には、たとえば最初の１か月の残業禁止等の就業制限についても書いてもらうといいでしょう。

主治医と産業医が復職可能と言うのに、会社が復職を認めないということはありません。また、主治医が休職継続、つまり復職不可の判断なのに、産業医が復職可能と判断することもありません。一方、主治医が復職可能と判断しても、産業医の私が「ＮＯ」と判断することはあります。これについては後述します。

診断書を会社に提出する際、基本的に上司でなく人事に渡しましょう。

また、原本を提出する場合は、診断書のコピー（か画像）を取っておいて自分でも保管してください。

「休職開始時にしてもいいこと、いけないこと」

私は休職に入った社員との最初の面談では、次の3つのことについて約束をしてもらっています。

●会社との連絡はしない

1つ目は**会社のメールを見たり、家から自分の会社アカウントにログインしたりしないこと**です。

仕事を休むと周りに迷惑がかかるのではないか、自分がいないと回らないのではないか等々、心配する人が多くいます。

しかし、休職中にメールを見ていると、結局気持ちが職場から離れることができず、本当の意味での休職にはなりません。メールに返事していると、休職を知らない同僚や取引先は、普通に仕事をしていると思い、いろいろとやり取りが続いてしまいます。これは在宅勤務状態と同じで、休めず、せっかくの休職期間が無駄になります。一方で、ログインやメール返信は「休職者自身が（勝手に）やっていること」になるので、自己責任、自己管理ができていないと捉えられる可能性もあります。

会社支給のスマホやパソコンは、電池が切れたら再充電しないことをおすすめします。自分のスマホで会社のメールが見ることができるアプリが入っている場合、そのアプリの通知設定はオフにして、未読メールの数も表示されないようにすること。そして、そのアプリを第一画面から後ろのほうに動かし、目に入らなくすることは心の安らぎにとても大切です。

そのようなことをしたら業務が回らなくなり皆に迷惑かかるのではないか、と思われるかもしれません。しかし、はっきり言って、その心配は不要です。

最初の2週間は多少の混乱があるかもしれませんが、いずれ落ち着きます。これが落ち着かなくてビジネスに影響が出るとしたら、それはあなたの責任ではなく、事業継続性がなっていない会社組織の問題・責任ですから気にしないでいいでしょう。

人事にはあなたのプライベートEメールアドレスを伝えて、休職に関するやり取りはそれでお願いするようにしましょう。

すでに職場の同僚たちとLINEやSNSの交換をしている場合、そちらから直接連絡が来てしまうこともあります。業務連絡が来た場合は、具合の良いときに「すみません。業務連絡等についてはこちらではやめてください。必要な場合は人事にお伝えください」と返事しましょう。その後も来る場合は、見なくて問題ない（返事しなくても結構）です。

業務連絡ではなくて、友人として、同僚として心配するメッセージが来た場合は、具合が良ければ返事をしていいと思います。しかし、多くの休職者には返事をすることすら負担ですので無理して返事せず、既読スルーにするかもしくは「心配してくれてありがとうございます。私の方から連絡できるようになったら連絡しますのでそのときまでは返事がないことをお許しください」「連絡を控えていただけると幸いです」と伝えましょう。

自分で復職日を決めて、そこから逆算した生活をしない

2つ目の約束は、**自分で復職日を決めて、そこから逆算した生活をしないこと**です。実はこれは休職者の一番多い間違いです。

少しでも体調が良くなると、すぐに復職したいと考える人が多くいます。診断書に対する勘違いもあり、診断書の日付が切れる日に復職することを勝手に決めて、「その1週間前から日中はずっと図書館に通おう」「2週間前からは半日通おう」「そのためには来週からは朝7時にアラームをかけてしっかり起きよう」など、復職日から逆算した生活を送ろうとします。

しかし、逆算して立てた計画は、その人の体調を無視してできたものです。仮に体調が改善していて、計画通りにできればいいのですが、多くの場合、一度決めたことだからと、自分の体調に無理をして頑張ってしまいます。結果、計画通りにできたとしても、復職日には、もう心にも体にも疲労がたまってしまうことになります。その状態は、言い換えれば、伸び切ったゴムの状態で復職することになるので、すぐにゴムは切れてしまい、再休職になりやすい状態なのです。自分の体調を無視して頑張り続けてしまうという、休職になった頃と同じことを繰り返してしまっているのです。

では、どうしたらいいのでしょうか。

まず、**診断書の日付は、あくまでその日までは休むというだけの意味なので、勝手に復職日を設定して行動計画を立てることはやめましょう。**

休職に入った直後は、寝たいだけ寝て、食べたいときに食べたいだけ食べて、どんどん昼寝もしていいのです。そうやって、電池残量ゼロになった体に再びエネルギーを充電してあげてください。

休職が始まると、今まで張っていた気持ちが切れて、どっと疲れが出てくる人もいます。だいたい2~8週間ぐらいはこの〝ダラダラ〟過ごすのが最適な休息期が続きます。真面目な人にはとても苦手な時間ですが、慣れるしかありません。

まずは、復職のための何かではなく、素直に自分がやりたいことをして過ごしてください。つまり、好きなことをする、趣味をする、です。

趣味が見つかるまでの間は、掃除や家の片付け、洗車など、生活のルーティンを大切にして過ごしましょう。

1日の半分以上を何か活動して生活できるくらい元気になったら、それから復職準備に入りましょう。その頃には睡眠も安定していると思います。それまでは、好きなことをして生活してください。

繰り返しますが、復職日を自ら設定して逆算する生活は禁止です。

SNSでの発信は慎重に

休職中の3つ目の約束はSNSへの投稿についてです。

休職中に、病気になった土地を離れることを精神医学の用語で遠隔治療法といいます。人はストレスを感じていた場所を離れると、なぜだか気持ちが楽になります。休職中は主治医の許可があれば、日常生活=働いていた街から離れて、実家に帰ったり旅行に行ったりすることはいいことなのです。

実際、私のクライエントでもそうしている人たちもいます。田舎に帰って畑を手伝っていたら元気になった。昔留学していた国や街に帰ったらそこでホストファミリーに会って、しばらく暮らしたら元気になった。そういう人たちもいます。休職中はハワイでもイタリアでも、軽井沢でも箱根でも旅行はどんどん行きましょう。休職中の旅行は禁止されるべきではありません。

しかし、それをSNSに投稿するかどうかになると別問題です。あなたが旅先で楽しんでいる様子を投稿したら、それを見て同僚たちはどう思うでしょうか。あなたが休職したため業務量が増えた状況の人もいます。嬉しく思わない人たちもいる可能性があります。

復職したあと、そのSNS投稿を快く思わなかった人たちと一緒に働く可能性もあります。

実際に私のクライエントでは、休んでいる人が旅行に限らず、充実した暮らしをSNSに上げていると、人事に報告する人たちもいます。悪意や告げ口というニュアンスではなく、働けないくらい具合が悪いのに、どうして楽しそうにランチをしたり、ゴルフやクラブに行ったりしているのか。もう働けるのではないかと疑問に思ってしまうのです。

決して、休職者は家にずっといなければいけないわけではありません。元気になるためにいろいろな活動をしていいでしょう。しかし、**休職中のSNSとの付き合いは注意するようにしましょう。**

休息期の過ごし方

休職している社員は、多くの場合、何らかの不安や知識などの不足、そして会社への不平不満を持っていることが多いです。面談では、漠然とした不安に対して、しっかり具体的に説明を行います。知識不足な点については、その情報を提供します。キャリア、お金と休職制度についてはその最たるものです。

会社や職場への不平不満については、聴くことはしますが、実際それらへの解決策を考えたりするのは、元気になった休職後半に取り組むようお願いしています。

月1回の産業医面談のみで私が休職社員の不安、不足、不満をすべて解決できるとは思いませんが、こういった「不」がなくなることで「不」(負)のスパイラルに落ちていくことに歯止めがかかり、しっかりと治療に専念できる環境が整います。

ここでは休職後、初めての産業面談でよく休職社員が言うことと、それに対する私の返事を取り上げます。

休息期によくある悩みへのアドバイス

お悩み1 「仕事はしていないのに、さらにぐったりしています。休んでいるのに仕事をしていたとき以上にベッドから離れられず、ほとんど寝てしまっています」

こういった症状は、どちらかというと、ストレスのある状況に長い間耐えてきた人や頑張ってきた人に見られます。そんな人は、肩に力が入って緊張して過ごしていた日々から休職になった途端、肩の力が抜け、今まで無理してきた我慢、無視してきた心労や疲労の症状が一気に出てきます。その結果、働いていたときよりも、もっとボロボロになってしまい、弱々しくなってしまうのです。

いくら寝ても寝足りない。新聞を取りに家を出ることすらできない。このような症状は人によっては2週間、多い人では3か月ぐらい続きます。

しかし安心してください。必ず少しずつ元気になってきます。

休職に入ったばかりの状態の人は、多くの場合、もう体にエネルギーがない状態です。空っぽの電池状態です。だからベッドから起き上がれないのです。

どうやってこのエネルギーを充電すればいいのでしょうか。

産業医の答えは、「寝たいだけ寝て、食べたいときに食べたいものを食べる。思いっきりダラダラして過ごす」です。しかし、真面目な人ほど、そこに罪悪感を感じてしまい、言われるまでは正反対な生活を心がけてしまっていて、できないことへの自責の念を持ってしまっていることが多いです。

大切なので繰り返します。最短で元気になるためには、まず、睡眠を取ることです。少し起き上がれるようになったら、しっかりと栄養を取り、できるのであれば太陽の光を浴び、有酸素運動（散歩で十分です）を定期的にしてください。図書館通いはまだまだ先です。

休職の開始時は、まずはしっかりと睡眠を取ること、寝たいだけ眠れるだけ寝ること、それが大切です。朝のアラームは不要です。寝たいだけ寝てください。日中それでも眠ければお昼寝もしてください。お昼寝の影響で夜眠れないということはありません。夜眠れないとしたら、それは病気のせいです。

お悩み2　「働いていないこと、毎日生産的な活動ができていないこと、そんな自分

に苛立ちを覚えます。街で通勤中の人たちを見ると、自己嫌悪に陥ります」

メンタルヘルス休職になる人は、真面目な人、責任感が強い人が多くいます。ですから、休職して働いていないことについて、とても自責の念を感じています。そんな自分に苛立ちを覚えたり、自己評価がどんどん下がったりしていきます。病気の症状としての自己肯定感の低下が追い打ちをかけ、どんどんそう感じてしまいます。

こういった休職者に私はよく聞きます。「もし今自分が休んでいる理由が交通事故や、がんの手術だったらどう思いますか？　そこまで自分を落として考えてしまいますか？」

多くの休職者は驚きながらも、「それはしょうがないから、ここまでは落ち込まない」といいます。

私にとっては適応障害（精神疾患）で休もうと糖尿病の悪化（身体疾患）で休もうとがんの手術（悪性疾患）や交通事故のため休もうといずれも同じです。誰のせいでもありません。誰も好き好んで病気になったり休んだりしているわけではありません。治療のために必要だから、**治療に専念しなければいけない状況だから休むのです。そこに良い悪いはありません。休職理由によって、その人の評価や価値が変わることもありま**

せん。だから、自己評価も変わらないでいいのです。

多くの休職者たちは、メンタルヘルス不調で休むことは、自分の精神が弱い、自分が怠けているのではないか、といった考えを捨てきれていないでいます。この気持ちや考えは、そう簡単にはなくならないでしょう。しかし、私は産業医面談を通じて、休職者たちが少しずつ自分を責めることをやめ、理由（病名）は関係なく、ただただ病気で休んでいることを、早く受け入れられるように支援しています。

お悩み3　「○○さんの言葉が忘れられません。××さんが怖い。イライラが抑えられません」

特に人間関係のトラブルから休職になった人にたまに見られるのが、「職場から離れても○○さんの言葉が忘れられません」「××さんがいつも夢に現れます」などの特定の人に対する憎しみや恐怖などに関連した訴えです。休職して何もしていないからこそ、日中に考えたくもないことがフラッシュバックのように思い出されてしまう。ようやく眠れても夢に出てきて起きてしまう人もいます。

人は誰でも自分が疲れすぎているときや、自分に余裕がないときのほうが、物事を許すことができなかったり、悪く考えてしまったりするものです。

休職しても職場のことを思い出してしまうのは、きっとまだまだ体調が悪く、体調に元気が戻っていない可能性が高いのだと思います。そんな人に、職場のことは考えないように、というのは難しいです。

ですから、この時期は、職場のことが思い出されてしまってもしょうがない。ただ、思い出したらなるべくすぐに、まだ体調がよくないんだなと考えて、それ以外のことに意識を向けられるといいでしょう。もしくは、雨の日の車のワイパーのように、頭の中のイメージをそっと消してみてください。そして、「いずれは対処するけれど、今はまだいい」と唱えてください。

少し元気になって活動量が増えてきている人には以下のように伝えることもあります。

ストレス原因（の人）のことを思っているせいで、自分がなかなか元気になれないのは、その人の責任ではありません。あなたが考えてしまっているからです。

特に何もしていないと、忘れるのは難しいものです。だから、起きている間は意識を何か他のことに向けるようにしましょう。趣味や気分転換を行うほど元気がないなら、歌詞を意識して音楽を聴くなどはいかがでしょうか。何かをしていて、意識をそれに向けているときのほうが忘れられます。

また、頭の中にストレスを感じることが浮かんできてしまったら、その場から少し移動してみるのもいいでしょう。ベッドにいたら椅子に移動する、椅子にいたらキッチンに移動する、ベランダから外の景色を見るなど、そのときにいる場所から数歩移動するだけで気分が変わることもあります。場所を変え、空気を変え、視野に映るものを変えてみることを、お試しください。

もっと元気になったら、ストレス源に対してどうやって対処していこうかを考える時期がきます。今はまだ、自分が元気になることだけに専念しましょう。

産業医が休職中最初の面談で必ず確認すること

私は、休職している社員と最初の面談で必ず確認することがいくつかあります。1つ目は治療状況、通院頻度や主治医と話す時間や処方されている薬、実際に飲んでいる薬などの確認です。2つ目はしっかりと治療に専念できているかです。そして3つ目は、どのような日常生活を過ごしているかということです。

❶治療状況

私は、休職者の治療状況を確認しますが、決して主治医の治療が正しいかどうかを判断したいわけではありません。私はメンタルヘルスの専門家ではありませんし、そもそも主治医（治療医）ではありません。そこは基本的に口出ししないようにしています。

社員から処方されている薬を聞きますが、中には処方されているものの、薬を飲んでいない場合もあります。それが頓服の薬（症状がある時のみ飲む薬）であれば良いのですが、主治医は毎日飲むように処方しているにもかかわらず、社員が毎日は飲んでいない場合もあります。そのときはどうしてその薬を飲んでいないのか確認します。多くの場合、不安等があります。

そのようなとき、休職者には、主治医にはその薬を怖くて飲んでいないことを次の診察で言うことをお願いします。もし社員が主治医にそんなことは言えないという場合は、そういうことが言える雰囲気の主治医を選んだほうがいいのではないかと提案します。

治療頻度について、私が一番安心するのは、1～2週間に1回の診察を受けている場合です。特に治療を始めたばかりで、内服薬をコントロールしている間は1週間に

1回程度で通院していると安心します。

中には薬なしの人もいます。休職すること自体がまずはストレス源から離れて休めるという大きな治療ですから、本人と主治医の合意のもとで内服なしならば、それでいいと思います。ただし、その場合は他に何かやっているのか、もしくは今後やるのか、もしくは内服なしでどれくらい様子見るのか、症状が改善しなければ内服をするのかなど話し合っているか確認させていただくことがあります。

休職していれば、ストレス源（職場や仕事）から離れてはいますので、薬を飲まなくても時間とともに、ある程度元気になることが多いのは事実です。しかし、多くの場合は同じ職場に復職するのですから、それでは復職後に再発してしまう可能性が高いです。そうならないようにある程度元気になったあとは、カウンセリング等で休職に至るまでを振り返ったり、自分と対話したりはしてほしいと思います。

社員本人が睡眠薬や向精神薬への不安、もしくは飲みたくないという意思表示をして、それを尊重してくれている主治医もいます。その場合も、たとえば1か月間睡眠状況が変わらないのであれば、そろそろ飲んだほうがいいのではないかと提案することもあります。もしくは1か月間状況があまり変わらなかったとき、休んでいるけれど薬なしで症状が変わらないこの状況に対して、主治医はどのように考えていらっしゃるかと確認することはあります。

私は基本的に、主治医の治療方針には口を出しません。しかし、たまにどうしても口を出してしまうことがあります。それは**社員の状態が長い間良くなっていないときと、内服量が多すぎる状況が続く場合です。**

時に標準的ではない治療を受けていて良くならない人がいます。

医師免許を持った主治医が、自らのポリシーを持って行っている診療や治療方針ですから、私がそれをどうこう評価する立場にないことはわかります。ですので、しばらくは様子を見ることが多いです。しかし、半年以上良くならない場合は、そのことを指摘するのも産業医の役割だと思っています。

先に述べたように、多くのメンタルヘルス不調者の症状は、休職する＝職場から距離を取ることである程度改善します。しかし、**6か月経っても何も変化が見られない場合、私は他の専門家の意見も聞いたほうがいいのではないか、同じ主治医で続ける**

べきなのかを考えたほうがいいのではないかと考えます。そして休職者には、セカンドオピニオンを受けてみてはどうか、または、率直に6か月経っても改善しないから、他の医者にも診てもらったほうがいいのではないかと言うことがあります。

❷しっかり治療に専念できているか

治療に専念できているかを確認するために、次の2つのことを私は確認します。まず1つは、会社や取引先などが本人に連絡をして、本人がしっかりと休めない状況になっていないかということです。特に引き継ぎ等なくいきなり休職になった場合、確かに会社側が困り、混乱が生じている可能性はあります。しかしながら、だからといって休職者に連絡をその都度していたのでは、せっかくの休職が台無しです。また、時に休職者は現場にいる上司や同僚をストレス源としていることもあります。そんな人から休職中に連絡が来るのではたまったものではありません。

もし会社側が何らかの連絡を本人にどうしてもしたいのであれば、それは必ず人事を通すようにお願いしています。そして人事から社員には「調子の良いときに返事すればいいからね」と言ってメール等で連絡するようにお願いしています。

もう一つの確認事項は、本人が会社のメールを見ていないか、返事していないか、仕事のパソコンにログインしていないかなどです。特にコロナ禍以降在宅勤務ができるようになったため、自宅から職場環境にログインする事は容易になってしまいました。休職している人は、自分が周囲に迷惑をかけていないか、休職していると仕事から取り残されるのではないか、ということを心配して、メールを見るとどうしても返事をしてしまいます。自分の調子が悪いときは、返事ができない自分に自責の念を感じ、取り残されている自分に落ち込みます。

なんとか頑張って返事をすると、近くの席の同僚であれば、その人が休職中であることを認識してくれているのでいいのですが、休職していることを知らない人も多くいます。そうすると、時によっては仕事のメールのやり取りが延々と続いてしまいます。結果、なかなか仕事から離れて休めない状態になってしまいます。そうならないためにも、もうメールは見ないようにお願いします。

大切なことは休職しているのだから、仕事から離れることです。強すぎる責任感や真面目すぎる性格が、そもそも病気の原因の一部であることがありますが、そういう人こそ、体調を優先して仕事から離れるということができない限り、復職しても再休職リスクが高いと思います。だからこそ、休職時は頑張って仕事から離れるようにしてください。意識の力だけではなく、このように環境設定をすることが大切です。

❸どのような日常生活を過ごしているか

休職中の日常生活については、私はまずは睡眠の具合から確認しています。

- 何時に布団に入り何時に起きるのか
- 睡眠薬服用の有無とタイミング
- 布団に入ってどれくらいで眠れているのか
- 寝たあと、次に目が覚めるのは、朝かそれとも夜中に何回か目が覚めるのか
- 夜中に目が覚めたあと、もう一度眠れるのか、それともうつらうつらできるだけなのか
- 朝は実際に何時に布団から起きているのか
- アラームはかけているか

こういったことを月1回の作業面談では確認しています。

睡眠障害はあくまで病気の症状であり、体調の結果ですから、休職前半の人にこれを治すことを強いたりはしません。ただし、ある程度元気になってきたら規則正しい生活を心がけること、復職準備を始めてからは就業時と同じ時間で睡眠生活を送ることをお願いしています。

次に、日中の生活についても確認します。

- 3食食べているのか
- 外食か自炊か
- 誰か定期的に話す人はいるのか
- 外出するとしたら、どんなところにどれくらいの時間行けているのか
- お昼寝をしているか

などです。

最初のうちは、お昼寝をどんどんすることを推奨しています。特に夜中に起きたり、寝付けなかったりする人は、睡眠が足りていません。なので、不足分をお昼寝でまかなわなければいけない。夕方5時以降お昼寝しなければ、「**夜眠れないのは昼寝のせいよりは病気のせいだ**」と伝えることが多いです。

休職開始直後は調子が悪くて、ほとんどベッド上や家の中で過ごしていた人も、少しずつ元気が出てくると日中に何かできるようになります。最も悪かった時期を脱して動けるようになったら、まずは好きなことをすることが大切です。楽しいこと、趣味、気分転換、そういったことをして過ごしてもらいます。楽しいことをして過ごした日、趣味をして過ごした日は、気分がいいし、よく食べられるしよく眠れます。そういう日々を過ごしていることが、最短距離での回復につながります。

そして、日中の50%以上の時間を何かして過ごすことができるようになったら、それから復職のことを考え始めたり、図書館にも行くようにしたりをお願いしています。

休職開始直後の体調が最も悪い時期を超えて少し動けるようになってから、復職に取り組めるようになるまでの期間は人によって様々です。この期間を過ごしている間にまた調子を崩すこともあります。調子というものは一直線に回復するのではなく、調子には波があるからです。休職者はこの波に一喜一憂しますが、産業医としては、波の低いところが、前回の低いところよりも高ければいいと思っています。つまり、底値が上がっていっていれば、全体としてベクトルの方向は右肩上がりで間違っていな

回復するまでの過程

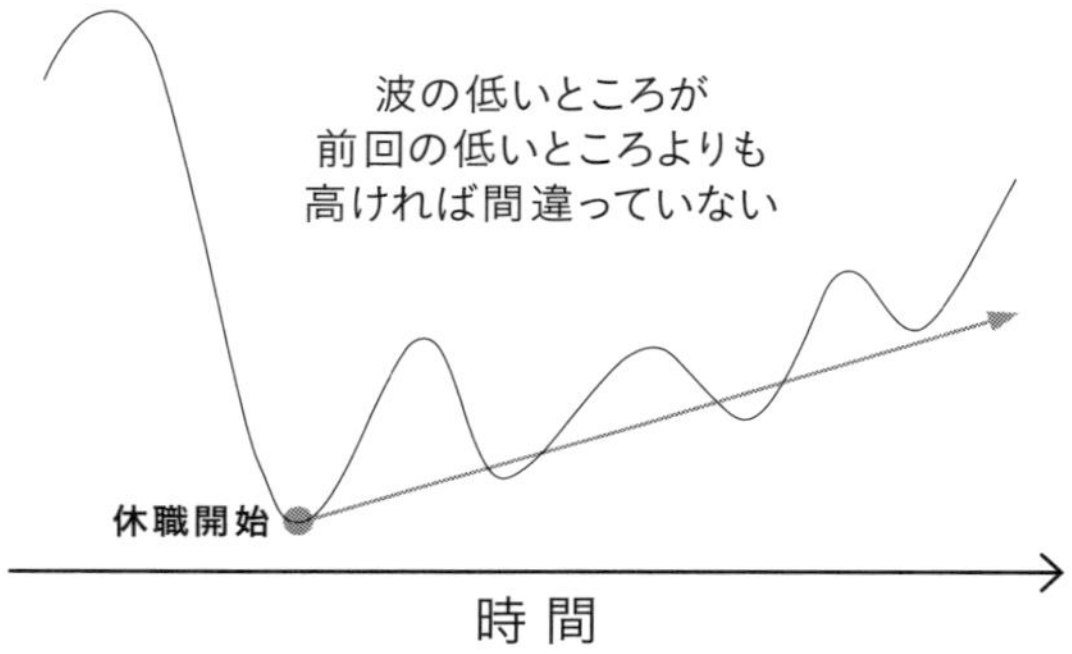
波の低いところが
前回の低いところよりも
高ければ間違っていない
休職開始
時間

いのです。

日常生活の確認のときにもう一つ必ず確認することがあります。それは定期的にお話しする人がいるのかということです。同居家族がいる人はほとんど大丈夫ですが、一人暮らしの人の場合、誰とも口を聞いていないこともたまにあります。

そのような人には実家に帰ることや、親しい友人や兄弟と話すことを聞いてみます。

日常生活のなかでしてほしいこと、してほしくないこと

日常生活の過ごし方で、「何をしたらいいですか？」とよく聞かれますが、「無理して何かをする必要はありません、好きなことをしてください。」と答えています。

一方で、しないでほしいことは、昼夜逆転の生活です。休職中だから朝何時に起きても良いだろうと夜ダラダラと映画を見たり、友達と飲んだり遊びに行ったりして夜更かししてしまう人がたまにいます。その元気があるなら、なるべく働くのに差し支えない時間帯への生活を意識して過ごすようお願いしています。もちろん、病気のせいで眠れない結果、昼夜逆転のような生活になってしまっているのはしようがないです。

元気になってきたら散歩に行きましょう。休職するほど体調が悪い人は、なかなか散歩に行ける元気になれないこともあります。そんな人にお願いすることは、朝起きたら15分から30分ほど、家の中で一番大きい窓、もしくは日光が差し込んでくる窓の近くやベランダに出て、太陽の光を浴びることです。朝に太陽光を浴びることは、体を目覚めさせてくれる効果があります。また、睡眠ホルモンと呼ばれるメラトニンの生成に影響があり、その夜に良い睡眠をもたらしてくれます。簡単にできますので、ぜひあなたも試してみてください。

コロナ禍から多くの会社で始まった在宅勤務の影響で、一人暮らしの家にいるとなかなか仕事を休んでいるという気持ちになれない人がたまにいます。そんな人には、その家から離れてみること、会社のある街から離れてみることをおすすめしています。休職中は旅行に行ってはいけないという決まりはありません。

そんな人には距離を取ることで得られる治療効果（遠隔療法）について説明しています。**病気になった土地から距離を取ることで気持ちが楽になる**のです。

主治医を変えるべき3つのポイント

毎月定期的に休職中の社員と産業医面談をしていると、本当にこの主治医で大丈夫かなと不安になることがたまにあります。社員が主治医を信頼しているのであれば、本音では、あまり口やかましいことは言いたくありません。なぜなら、主治医を変えたからといって、必ずもっと早く治るかは誰にもわからないからです。

しかし、次のような3つの場合は、他の医者へセカンドオピニオンに行ったり、他の医者に変えたりしたほうがいいのではないかと提案してしまいます。

1つ目は、**主治医との診察時間が短すぎる場合**です。
主治医の診察時間が毎回5分程度。カウンセラーも在席しておらず、症状を聞いて、薬を出すだけ。このような診察のときは多くの場合、社員も疑問を感じています。ですので、産業医としては他を受診することを少し後押しさせてもらいます。

2つ目は、**治療方針や薬に対して、社員が疑問を感じていても主治医に聞くことができないクリニック**です。
前に聞いたときに面倒くさそうな顔をしたから聞けない、怖いから聞けない、遠慮して聞けない。いろいろな理由はありそうですが、実際はそこに信頼関係がないから聞けないのだと思います。疑問を持ち続けながら受ける治療と、疑問をスッキリ解決して受ける治療、どっちが効果的なのかは明白です。そのため、こういう場合は他に行ってもいいかと思います。

3つ目は**保険診療ではない場合**です。現在、精神疾患に対する標準的治療としては、薬の治療、カウンセリングによる治療、そして休職（ストレスから離れる）という主に3つの治療方法があります。それ以外にも効果があるとされる治療方法は日進月歩で出てきていますが、いずれも保険診療ではなく自由診療、つまり高額になっています。

自由診療が悪い、効かないというつもりはありません。しかし、通常よりも高額な治療費がかかること、お金をかけた分、必ず効くかというとそうではないことなど、私は、最初から自由診療を受けることにはあまり賛成できません。実際に、私が見てきた社員のなかには、経頭蓋磁気刺激法（TMS治療）のために、うん十万を初回にまとめて支払うことを求められたり、クリニック調合の特殊サプリメントを栄養療法という名のものに買っている人たちがいました。その方たちが特別病気の回復が良かったかというと、決してそんなことはありません。むしろ、普通の治療の方が良かったのではと思ってしまうことが多かったのが現状です。

もちろん、自分なりにしっかり検証した上で、費用も含めて納得して受けるのであれば、私がどうこう言う問題ではありません。しかし、保険診療による標準的治療で治っている人たちがたくさんいることをぜひ、皆さんには知っておいてほしいです。

回復期の過ごし方

休職開始時の最もぐったりした時期（休息期）が終わると、薬にも体が慣れ、睡眠もある程度安定し、少しずつですが、何かしようと思える日が出てきます。各時期の境目は明確な基準があるわけではないですが、この時期から、日中の半分以上の時間を何かをして過ごすことができるようになり、復職準備を始めるまでの時期を、私は、回復期と呼んでいます。

回復期はあくまで気力体力の回復時期です。復職の準備をする時期ではありません。

どのように過ごすことが、この回復期を効果的に過ごせるのか、産業医面談では休職者に伝えています。

◎趣味の時間を大切にする

この時期に最も大切なことは、まず好きなことや趣味を復活させること、趣味を作ることです。**好きなことをして時間を過ごしたほうが気持ちは前向きになります。お腹も空いてよく食べ、よく眠れます。悪いことは一つもありません。趣味は気分転換になります。気分転換があると、復職後いろいろなことがあってモヤモヤしても、気分転換をして夜は眠れるようになります。**趣味などの気分転換がある人とない人では明らかに復職後の再発率に差があるように感じます。

好きなことや趣味が思いつかない場合は、復職を目的としたものではないことをしましょう。間違えても趣味をする前に図書館通いなど、復職のために何かを開始することはやめましょう。久しぶりにしっかり家を片付ける、家事を少しずつやってみる、車の洗車、子どもの送迎、何でもいいですので、復職のために、ではないことから始めましょう。

「好きなこと」を見つけるワーク

「好きなこと」が多ければ多いほど、日常生活に仕事以外のたくさんの変化が生まれ、その結果、より充実した日々を送ることができ、ストレス知らずになれます。**復職後も続けられる好きなことを休職中に作っておけば、再発・再休職のリスクを減らせます。**

とはいえ、どうやって「好き」を見つければいいのかわからない、という人が多いことも実情です。そんな方におすすめのワークを紹介したいと思います。

まず、紙を1枚用意します。次のページの図を参考に、まずは4つの枠を描きます。そこにそれぞれ「1人でできること」「数人でできること」「外で（晴れの日に）できること」「室内で（雨の日に）できること」というタイトルをつけてください。

そして、まずは1人でできることを考え、それを屋外、屋内に分類していきます。次に、同じように「数人でできること」を考え、同じように屋外、屋内に分類していきましょう。これだけでも十分ですが、「運動系活動」「文化系活動（非運動系活動）」という枠組みを追加すると、さらに細分化することが可能になります。

私はそれぞれの枠に5つの好きなことを埋めることをおすすめしています。好きな

「好きなこと」リスト

	屋内でできること	外でできること
1人でできること	・コーヒー ・本・漫画 ・ゲーム ・アロマ ・掃除	・ランニング ・サウナ ・登山、ハイキング ・ドライブ ・ジムで筋トレ
数人でできること	・友人とランチ ・友人と映画 ・ボードゲーム ・ギターの演奏 ・読書会に参加	・旅行に行く ・キャンプ ・友人とカフェに行く ・野球、サッカー ・ボルダリング

ことが20個あれば、雨の日も、晴れの日も、一人のときも、一緒に過ごす人がいるときも、毎日何か好きなことができそうに思いませんか。

ポイントは頭で考えるのではなく、実際に行動に移すことです。休職中ですから、元気が戻ってくれば時間はあるはずです。図書館に通うよりも、好きなことをすることを中心に生活を組み立てたほうが、確実に早く元気になります。

決して、全部の枠を埋める必要はありませんし、本当に「好き」かどうか、深く考える必要もありません。まずはやってみて、自分に合うか合わないか検証すればいいのです。

好きな活動が思考のバランスを整える

産業医面談でメンタルヘルス休職者に「趣味はありますか?」と聞くと、たいていの場合「ありません」あるいは「以前はあったが、最近はやっていない」という回答が返ってきます。

一方、ストレスがあっても上手に対処している人の多くは、好きなことや趣味があり、かつ実践しています。

仕事で嫌なことや負担になることがあったとしても、趣味や娯楽などの好きなことをやっているときは、それを忘れることができます。たとえば、夢中でバスケットやテニスをしているとき、仕事のことをあれこれ考えることは難しいのではないでしょうか。もちろん、趣味はスポーツでなくても構いません。自転車、バイク、車の運転、楽器の演奏、サウナ、あるいは友人とランチをしたり、映画を観に行くなど、自分にとって「楽しい」と感じられることをしている最中には、誰もが仕事の不安やストレスから解放されるものです。

別の言葉で言えば、**気分転換が上手な人とは、ストレスフリーな時間を生活のなかに自らつくりだせる人**ということになります。

ここでは、好きなことをすることで得られる3つの効果を紹介したいと思います。

1つ目は、**心も体もリラックスできること**です。好きなことをしているときは、誰でもそれに集中し、夢中になっています。たとえ嫌なこと、負担になることがあっても、好きなことをしている間は忘れられるという人が大半ではないでしょうか。そういう時間を持つことができると、単純に「いい気分」になれると同時に、心も身体もリラックスできます。その結果として、気持ちが満たされ、適度に疲れ、よく食べよく眠れるという効果がもたらされるのです。

「好きなこと」は人それぞれ、なんでもいいのです。これまで私が出会ったストレスに強い人たちも、サウナに行く、美味しいものを食べる、ただただ走る、掃除や断捨離など、内容は千差万別でしたし、中にはドラマを立て続けに何本も見ることを趣味にしている人もいました。私も産業医面談のなかで驚かされることがたくさんありました。昆虫が好きで巣箱を20箱以上持っている人、陶芸好きでろくろを回している人、地下アイドルの応援、プロライセンスも持ったことがあるゲーマーやゴルファーなど、様々な趣味を持つ人がいました。

大切なのは、人と比べることではなく、自分が満足できるか否かです。「私はこれでリフレッシュしているのだ」という満足感を得られるのであれば、それだけでストレス解消の効果があります。

また、好きなことをすることは「自己肯定感」を上げてくれますが、ストレス耐性の高い人は、往々にして自己肯定感が高いのも、趣味のおかげだと私は考えています。

2つ目は、**好きなことをしていると、人は無意識のうちに思考のバランスが整うという点**です。ある物事が起こったとき、その原因を他人のせいにしすぎず、また自分のせいにしすぎずというバランスが取れ、前向きかつ楽観的になれるのです。

さらに、好きなことをするために、仕事を早く切り上げる、煩わしいお誘いにも「NO」と言えるようになるなど、時間管理が上手になり、ストレス軽減だけでなく、効率のよい働き方が可能になります。たとえば、毎週水曜日19時からジムでパーソナルトレーニングを受けている人は、水曜日は特に効率よく仕事をしたり、集中して仕事を終わらせたりするようになります。実際私のクライエント社員には、一人ではなかなかできないから、パーソナルトレーニングの予約をして、毎週1回は早く仕事を切り上げるようにしている人もいます。このような人は、水曜日だけ集中モードになるわけではなく、他の日でも集中モードになれるのです。

反対に、家に帰ってもやることがない人や、何か理由があって家に帰りづらいビジネスパーソンは急いで仕事を終わらせようとしない傾向にあり、時間管理を必要としないため、ダラダラと働いてしまいがちです。リフレッシュする時間のない生活を続けて、仕事による緊張状態が続けば当然、精神的疲労はたまる一方です。

3つ目の効果は、**好きなことをしている人は、「仲間」と「居場所」があるという点**です。たとえ会社で大きな失敗をしたり、家庭で居場所がなくなるようなことがあっても、「あそこに行けば仲間が支えてくれる」という場所、心のよりどころがあれば安心につながります。

最近は、職場でも家庭でもない自分の落ち着く場所、アイデンティティを保てる場所をサードプレイスと呼んだりしますが、そういった場所があれば、セルフケアの手法の一つである「相談相手を持つ」ことにもつながります。

回復期に気をつけたいこと

❶焦りからの復職診断書は失敗の元。諦めるのではなく焦りを手放す

回復期になり少しずつ身体の元気が戻ってくると、こころも再び活動的になってきます。しかし、真面目で責任感が強すぎる人ほど、こころの元気が〝復職への焦り〟になってしまうことがあります。そして、主治医に頼み込み、「復職可能」の診断書を書いてもらってしまうのです。

しかし、体力は回復し眠れるようにもなってきていたとしても、今はまだ復職に適した時期ではありません。なぜならば、今はまだ、職場から離れたから回復したにすぎないからです。この状態で復職した人は、多かれ少なかれ数か月後に再休職になります。そしてその時はもう、周囲の人たちからは同情よりも仕事を任せていいのかわからないという信頼度低下や不信感を持たれてしまっています。

大切なことは、**同じ職場に戻るのだからこそ、復職後はどのようにして症状を再発させないか、再発した場合はどう対処するのか等々の心構えを作ること**です。過去の振り返り、自分との対話、今後への対策など（まとめて振り返りということが多いです）をしっかりしてこそ、再休職のリスクを減らして復職できるようになります。

しかし、振り返りは決して楽な作業ではありません。考えてもすぐに答えが出るものではありませんし、考えるとつらかった時期を思い出して感情的になったり、時には症状がまた出てくることもあります。

誰でも、元気があるときのほうが振り返りを前向きに考えやすいので、回復期はまだ振り返りはする必要はありません。そのための気力・体力づくりのための時間がこの回復期なのです。

焦りにとらわれず、復職の気持ちを手放し、この時期は気力・体力の回復に努めてください。

❷ 〝やりすぎない〟生活を意識する、自分のエネルギー残高を意識して生活する

抽象的になってしまいますが、何事もやりすぎない、頑張りすぎない生活を意識しましょう。

往々にして真面目で責任感が強すぎる人は、自分の体調がよくなくても仕事を休むことなく頑張りすぎてしまいます。その結果、疲労がたまりすぎて病気になり休職になっている人が多くいます。

復職後、そうはならないためにも、まずは、自分の疲労度（残存エネルギー量）に意識

を向けることをお願いしています。

まず、朝目が覚めたら起き上がる前に、自分の体の元気度（エネルギー充電度）を感じ、その日の予定を無理なくこなせそうか、自分の体と相談します。

日中、元気に趣味を一日中できたとしても、そのあと数日疲れ果てて寝込んでしまうときがあります。これは、疲れてきた自分の心身を無視して、趣味をやり続けてしまったことが原因であることが多くあります。そのようにならないよう、趣味に講じるときも必ず、自分に残っているエネルギー量（疲労度）を意識してください。

夜寝る前にも自分の体の元気度（疲労度、残存エネルギー量）を感じ、睡眠が取れればまた朝と同じくらいは回復できそうか、その日の生活で無理をしすぎていないか、など振り返りましょう。

大切なのは、毎日睡眠を取ることにより、翌日も同じくらいの活動量ができそうな程度で、日中の活動量を抑える、切り上げることです。この習慣が、復職後自分の体調を大切にしながら働き続けられることにつながります。

もちろん、仕事には期限やプレッシャーもあるので、必ずしも今と同じようにできるとは限りません。しかし、期限やプレッシャーのない休職中ですら自分の体調を優先的に考える生活ができないのであれば、復職後にできるわけはありません。その場合、その先は再発・再休職リスクの上昇となってしまいます。

私は10年以上に及ぶ産業医としての経験上、誰にとっても、仕事やキャリアよりも健康が大切だと思っています。復職後も自分の健康をすり減らさなければ働けない職場環境なのであれば、それは職場があなたに合っていない可能性があります。あなたが描いてきたキャリアはあなたの気力体力を超えたものであった可能性があります。このことを復職後に気づいて退職、転職される方々も見てきました。ほとんどの方は次の環境で元気にやっています。健康が一番、職場は相性、これがその人たちが皆言うことです。

ケース紹介

休職者のそれぞれの原因・症状・回復状況

何を持ってストレスとするか、同じような出来事に対しどの程度ストレスとして感じるか。結果どのような症状を呈するか。等々、ストレスは十人十色です。そして、ストレスがあってもしなやかに対処できる人、メンタルヘルス不調になるけれど休職にはならない人、休職になってしまう人といろいろな人がいます。

メンタルヘルス休職といっても、それぞれの原因、状態（症状）や回復具合、背景になる事情なども様々です。

ここでは、ある1か月間に産業医の私が面談したメンタルヘルス休職者の事例をいくつか紹介させていただきます（個人が特定できないように、一部変更しています）。

ケース
1

休職9か月目。3か月前から回復期

A・Iさん
（30代男性・独身・独居）

きっかけと症状

異動先チームと合わず、半年ほどたった頃適応障害の診断書を提出し休職開始。頭痛と不眠と抑うつ気分が主症状。

経過と現在の様子

休息と内服治療により3か月前から睡眠が安定し、日中も起きていられるようになる。眠いから布団に入るのではなく、決まった時間に布団に入り寝るように意識しているとのこと。やる気のある日に何かするが、その後3日ほどダウンしてしまう。

「この1か月間で笑ったのは？」と聞くと、「人と会っていない、喋っていない（から笑ってもない）」の返事。「YouTubeでお笑いを見て微笑んだ」。

ひとことアドバイス

回復期に入ったばかりなので、まだまだ好きなことをして過ごしてください。規則正しい生活を維持することを大切にしてください。趣味はドライブとのことでしたのでぜひ気分のいい日に試すことをおすすめします。無理のない範囲内でいいので、人とも関わるように意識しましょう。しかし、外出や人と会って、その後数日ダウンするような時はやりすぎた（気力体力以上のことをしてしまった）と認識してください。

ケース 2

勤続20年以上のベテラン社員。人間関係でダウン

N・Kさん（40代女性・独身・独居）

きっかけと症状

2年前に社内異動後、合わないAさんと業務上のやり取りが増えた。1年間は我慢していたが、耐えられず上司に相談。新たにBさん、Cさんと協力しながらなんとかやっていた。しかしこの半年の間に、事情を知る上司とCさんが退職。以後、Aさん、Bさんと業務をする日々できつくなる。新しい上司に相談したが大泣きし、医療受診と産業医面談をすすめられた。

経過と現在の様子

3か月前から入眠障害、仕事の夢で中途覚醒、家事ができなくなり最近は部屋が荒れていて、朝の出社がつらく、お腹も痛い。初診で適応障害の診断で半年は休んだほうが良いと言われた。休職してすぐのタイミングで初回産業医面談。定期内服なし。頓服で渡された安定剤を2日に1回は飲んでいる。自宅から会社のメールを見ていることが発覚。

ひとことアドバイス

職場から離れることがまずは一番の治療です。会社のメールを見たり、業務パソコンでログインはやめましょう。長い間耐えて頑張ってきた分、気づかないほどの疲れがたまっている可能性もあります。寝たいだけ寝てダラダラして、休むことに集中してください。

ケース 3

身内の死から休職になったケース

T・Sさん
（50代女性・独身・独居）

きっかけと症状

勤続10年以上。父娘二人暮らしであったが、2か月前に父が脳梗塞で亡くなる。1年前にも脳梗塞を起こしており、医師からは寿命が近いことは言われていた。寂しさ、喪失感のほか、もっと何かできなかったかの自責の念などにより、不眠出現、感情が不安定になり、職場でも涙をこらえきれないようになる。1週間の有給を取得するも、休暇明けに出社できず休職となる。

経過と現在の様子

四十九日が終わり、ひと段落。気持ちも落ち着き、睡眠も取れるようにはなりつつあるとのこと。しかしまだ、規則正しい生活はできていない。

ひとことアドバイス

職場にストレスは特にないとのこと。休職して家にいても父を思い出してしまうだけなので、ある程度規則正しい生活ができるようになったら、早めの復職をすすめています。本人も仕事をしているほうが楽かもしれないと納得。人事を通じ部署にも状況を伝えており、部署も復職後しばらくは主業務から外してくれるとの返事。主治医と復帰日を相談していただく。

ケース4

休職3か月目。入社4か月で休職し異動希望あり

H・Hさん
（30代女性・既婚・未就学児2人）

きっかけと症状

前職の上司に誘われて転職してくるも、その上司はすでに退職してしまった。同僚との折り合いが悪く、仕事でも行き詰まり、不眠、めまい、頭痛が出現し、適応障害の診断で休職開始。内服なし。

経過と現在の様子

休息で症状は一時よりは軽くなったので、振り返りをすることを促すも、自分は子どももいて忙しく、自分は悪くない、同僚たちが意地悪、という考えはまったく変わらない。カウンセリングをすすめるも、忙しいから無理、自分には必要ないと言い拒否。異動希望があるが、規則では1年以上働いていることが前提なので不可。このようななか、復職を考えると眠りがおかしくなってしまう。

ひとことアドバイス

自己評価が低くなく、自分に自信を持っていることはいいことです。しかし、時にはそこを謙虚に見直す必要があります。このまま復職できたとしても職場でうまくやっていけるかが心配です。自己評価と他者からの評価の違い、その乖離について、もう少し本人が受け入れられるようになった時期に、気づくきっかけを作りたいと考えています。

ケース5

治療方法に疑問と心配があるケース

Ｉ・Ａさん（30代男性・独身・独居）

きっかけと症状

適応障害の診断で8か月前から休職。主治医は精神科専門医だが、薬物療法ではなく、サプリメントによる治療を主に取り入れているクリニックに通院中。

経過と現在の様子

休職後3か月ほどで元気になってきた（回復期）。クリニック独自の栄養指導に従った料理づくりをしているため、日中の多くの時間を食事準備で過ごす。外出は1時間程度の散歩と日用品の買い物のみ。素直な青年で主治医の治療方針をすべて信じている。それが標準的治療でないことは伝えているものの、元気になってきているので、産業医としてこの主治医を否定するものではないことも伝えている。

ひとことアドバイス

症状もなくなってきているが、何をもって復職可能となるのか主治医とは話せておらず、産業医としては、そろそろ復職の準備に取り掛かってほしい。復職後、仕事をしながらでもできる食生活を主治医と考えてほしい。

ケース 6

回復期で停滞しているケース

M・Sさん
（40代男性・既婚・小学生の子ども2人）

きっかけと症状

社内異動後半年で適応障害になり休職開始。抗うつ剤と睡眠薬を内服している。

経過と現在の様子

3か月ほどで規則正しい睡眠も取れるようになる。現在半日くらいの外出はできているが、1日外にいると翌日はダウンするとのこと。趣味のゴルフは主治医にまだ止められている。復職を考え始めると、その生活に戻ることへの気持ちの整理がつかず中途覚醒や吐き気が戻ってくる。かといって転職をしたいとも思っていない。

ひとことアドバイス

経過は回復傾向にあるので、急がず焦らず、今の生活を続け、元気になってくれれば復職に対しても前向きに考えることができるようになることに期待したいです。会社の福利厚生にカウンセリングサービスがあるので、時期が来たら使ってみることを提案しました。

ケース 7

真面目に復職に向けて取り組んでいるケース

C・Cさん
（40代男性・独身・独居）

きっかけと症状

勤続10年以上。コロナ禍前は長時間労働者として頻繁に産業医面談に来ていた。当時、睡眠4時間ほどで働いていたが、本人は疲労の蓄積などの症状もなく過ごしていた。コロナ禍で気分が落ち込むことが多くなり、不眠症状も出現。抑うつ状態の診断名で休職となる。現在、休職して約1・5年経過。

経過と現在の様子

休職するもなかなか症状改善せず。半年ほど経ったところで、双極性障害のうつ期と主治医が判断。投薬を変えた結果、症状が改善し出す。本人は新しい診断に納得できず、主治医に相談の上、大学病院を受診しセカンドオピニオンを受ける。検査や診察後、同じ診断を受け、今は自分の診断に納得し、その付き合い方に前向きに取り込んでいる。現在、復職のためリワークプログラム参加中。あと2～3か月で復職可能となるか。

ひとことアドバイス

いろいろあり時間はかかったが、今は順調。復職後この社員を引き取りたいという部署があると人事から教えてもらう。過去の働き方に対する上司や同僚たちからの評価の賜物であり、治療や復職準備にも真摯に取り込む彼から想像できるものです。産業医としても嬉しい限りです。

Chapter 3.

休職後半

焦らずに
復職の準備を。
そして復職へ

身体とこころの準備を始める「復職準備期」

回復期も後半になってくると、睡眠も安定してきて、活動量が増えても昼寝をする日も減ってきます。日中（非就業時間）の半分程度を、家でぼーっと過ごすのではなく、何か積極的に過ごせるようになってきます。こうなってくるとそろそろ回復期も終わり、復職準備期となります。

復職準備期は、実際に復職を準備し始めた頃から、主治医の復職許可の診断書、産業医の復職判定面談を経て復職するまでの期間を指します。

この時期の過ごし方を、体力（身体）の準備と、メンタルヘルス（こころ）の準備に分けてお話しします。

体力（身体）の準備

まず、体力の準備ですが、もう、昼寝をしない生活を少しずつ心がけてもらいます。そして、図書館通いも始めてもらいます。

私が思う良いやり方は、その日、その日で朝起きたとき、自分の体にどれくらい元気があるのか、睡眠によりエネルギーがチャージされているのかを感じ取り、そのエネルギーを枯渇させない範囲で図書館に行くことです。日により4時間の時もあれば、2時間の時もあるでしょう。もしくは疲れがたまっていたら、図書館には行かないと判断する日もあるでしょう。それでいいんです。この時期に大切なことは自分の体の元気具合（エネルギー）を感じること。そしてそれに則って無理せずに行動できるようになることです。

たとえば今日は4時間図書館にいようと思って家を出たのに、実際2時間ぐらいで疲れてきた日は2時間で切り上げていいと思います。そしてその夜に、ちゃんと睡眠を取れて、体力を回復しその翌日4時間行ければ良い判断だったと言えるでしょう。

このようなときに、「いや4時間に目標を設定したから、それを達成しなければいけない」として、4時間頑張る人がいます。もしくは、調子がいいから4時間の目標のところ6時間頑張る人もいます。そして、その夜ちゃんと眠れて、翌日も4時間ぐらいの図書館通いができたら良いのですが、往々にして翌日は潰れてしまいます。頑張った翌日に潰れてしまう。これがこの時期一番避けてほしいパターンです。

メンタルヘルス休職者の多くは自分の体調を無視して頑張りすぎた結果、最終的に休職になっています。**復職準備期に大切なのはちゃんと自分の体調に合わせた自己管理をすることです。自分の体調を考えて活動（この場合は図書館通い）できる**ことです。

復職するのに十分な体力がつくのは〝目標〟ではなく、あくまで自分のエネルギー具合を管理できるようになった〝結果〟なのです。

ぜひこの時期には、毎日の活動量を、翌日も同じくらいの活動ができるような活動量に留めておくことを身につけてください。それができるようになると、またはそれができるようになる頃には、週5日間、毎日7〜8時間前後の図書館通いができるようになり、復職するための体力は戻ってきていると思います。

よく聞かれるのは、たとえば、「1回3時間、週3日間図書館に通っている人は、次のステップとして、滞在時間を伸ばすのがいいのか、それとも滞在時間は同じで図書館に行く日数を伸ばすのがいいのか、どちらでしょうか」という質問です。どちらでも問題ありません。自分がやりやすいほうでいいでしょう。**大切なのは、自分のエネルギー具合を管理できるようになること。**その結果最終的に週5日間、毎回就業時間程度の時間を家の外で過ごせるようになっていることです。

メンタルヘルス（こころ）の準備

身体の復職準備を始めたら、こころの復職準備も並行して取り組んでほしいと思います。

この時期になれば、休職し始めた頃に比べ、だいぶ頭の回転や思考力も戻ってきていて、感情的にも落ち着いている状態だと言えます。しかしこれは、ストレス源から距離を取った（多くの場合会社を休んだ）ことと、投薬治療による回復が主な理由です。このまま職場に戻っては数か月後にまた同じような状態になる可能性が高いです。休職の原因を仕事の忙しさや上司のせいにしていても、会社や他人は変わりません。結局自分の健康を損なうだけです。

そうならないためにも、自分のこころのあり方を変えることが有意義だろうと思えたら、ぜひ、おすすめの「こころの準備ワーク」が3つあります。


いずれのワークも1回で答えが出るものではありません。また、決して気分がいいものでもありません。しかし考えなければ進めません。毎日少しずつでいいので考えてください。箇条書きで結構ですので、ノートをつけることをおすすめします。

ワーク中、ソワソワしたり気分が悪くなったりするのは、正常な反応です。病気のせいではありません。ひどくなりすぎる前にワークを中止して、好きなこと（気分転換）をしてください。落ち込んだ気分やソワソワ感が夜になっても改善しない、夜の眠りがおかしくなってくる。そのような場合は、まだこのワークは時期尚早かもしれません。今後1〜2週間は考えないようにして過ごしてください。または1人で考えるのではなく、カウンセラーや主治医と一緒にいるときのみ考えるようにしてください。

これから3つのワークができてくると、ネガティブな気持ちは減ってきて、復職への不安や恐怖もなくなってくると思います。

こころの準備ワークシート

ワーク1　自分の症状について知る

- 調子が悪くなりはじめたのはいつ頃からですか？　どのような症状でしたか？

- その症状は時間とともにどのように変化しましたか？　新たな症状がさらにでたのはいつ頃からですか？

- 休職を開始したときは、どのような症状でしたか？

ワーク2　原因と対処を考える

- 調子を崩したきっかけや原因はどんなことだったでしょうか。思いつくままに書き出してみましょう。

- ワーク1の症状とともに、時系列に並べてみましょう。

- 同じようなことが起こったら、どのように対処するのがいいか、具体的に書いてみましょう。具体的であればあるほどいいです。
  ＊職場にいるあなたと正反対の性格の人だったら、どのように対処するのか考えてみるのも手です。

ワーク3　自分のココロの受け取り方を知る

- 休職前、体調が悪化していった原因に対して、当時の自分はどのように受け取り、反応していましたか？

- ストレスの原因に対処するために、どのように受け取るといいでしょうか？

心の準備ワークシートが下記よりダウンロードできます

ID (discover3121)　パスワード (yasumu)

https://d21.co.jp/formitem/

ワーク1　自分の症状について知る

自分がいつからどのような症状が出始めて調子が悪くなったのか、その症状は時間とともにどのように変化したか、新たな症状が出たのはいつ頃からか、そして休職を開始したときは、どのような症状だったのか、こういったことを思い出して、紙に書き出してください。

ワーク2　原因と対処を考える

自分が調子を崩したきっかけや原因はどんなことだったでしょうか。原因が明確な場合もありますし、不明確だけれども時期はわかる場合もあります。また、原因は1つとも限りません。頭の中で考えるよりも、メモ書き程度でもいいので思いつくままに書き出してみましょう。

ある程度書けたら、1つ目の症状とともに、時系列順に並べてみましょう。アバウトで結構です。自分の調子が悪くなった様子、どのように症状が悪化していったかがわかると思います。

この段階で、**過去のその時々にどうすればよかったのかを考えるのではなく、次に起こったらどうするかを考えること**をおすすめしています。どんなに考え抜いても、過去は変えられませんから。しかし、休職前の自分はどうだったかを思い出すことは、3のワークで生きてきます。

次に、**復職後、同じようなことが起こったら、どのように対処するのがいいのか、すべきか、具体的に書いてみてください。具体的であればあるほどいいと思います。**

自分一人で考えてもアイデアが出てこない場合は、親しい人と話したり、本を読んだり、カウンセリングを受けたりすると見えてくるものもあります。

少し乱暴なやり方ですが、職場にいるあなたと正反対の性格の人だったら、どのように対処するのか考えてみるのも手です。あなたと正反対の人の2人の思考を比べるのは、どちらがいいか悪いかを判定するためではありません。受け取り方や考え方には幅があることを知るためです。両極端な2人を並べることにより、きっと思考が柔軟になります。

ワーク3 自分のこころの受け取り方を知る

人は皆、考え方のクセや傾向を持っています。同じ出来事に対して、それをどう受け取るかは人によって異なりますが、これはこの考え方のクセや傾向によります。この受け取り方の結果、その後の感情的反応（気分）や行動が決まってくるといわれています。

コップに水が半分入っている状態を、半分〝も〟入っていると捉えるのか、半分〝しか〟入っていない、と捉えるのか。人によって違いますし、自分自身でも喉が渇いているか否かなどの状況によって、解釈そしてその後の行動は異なります。

2つ目のワークでは、今後ストレス原因となりそうな出来事が起こったとき、どのような対処（行動）をすべきか考えました。3つ目のワークでは、この対処（行動）をするためには、**原因に対して、どのような受け取り方（心の反応）をすればいいのかを考えてください。** すると、休職前の自分の体調が悪化していった原因に対して、当時の自分はどのように受け取り、反応していたかが見えてくると思います。

この受け取り方のことを心理学的用語では、「認知」と言います。認知の傾向は様々ありますが、病気になったときの自分の認知の傾向を知った上で、今後はどのような認知傾向（受け取り方）をすれば、違う反応や行動につながるか、などを身につける治療を、認知行動療法と言います。興味のある方はぜひ認知行動療法というキーワードで何冊か書籍を読んでみるといいでしょう。

認知の傾向は代表的なものがいくつかあり、すでに自分ができているものもあるでしょう。自分にない認知傾向については、本を読み概念がわかれば自分でできる人もいますし、定期的なカウンセリングを通じて身につける人もいます。根気強く、気長に、やってみてください。先ほど考えたあなたと正反対の性格の人はどのような認知傾向があるかを考えてみると、自分とは対極にある認知傾向について考えやすいかもしれません。

この3つのワークをまとめて、「振り返り」ということが多いです。「振り返り」ができていなければ、復職を断るというものではありません。ただし、**振り返りができている人のほうが、復職後の再発率、再休職率が明らかに少ないと私の経験から断言できます。**

職場復帰支援プログラムを活用する

私は6か月以上休職した人は、人によっては、この復職準備期を自分ひとりでやるのではなく、職場復帰支援プログラム（以下リワークプログラム）に参加することをおすすめすることもあります。リワークプログラムは、心の健康問題で休職している人の休職から復職までの流れをサポートしてくれるプログラムです。座学、個人ワーク、グループワーク、カウンセリングなどが含まれています。

休職者が復職する際に、会社独自の復職プログラムを持つ企業もありますが、多くの場合、民間のメンタルクリニック等が、このようなプログラムを実施しています。保険診療ではありませんので、費用がかかりますが、利用することで、円滑に職場復帰し、安定して働くことができ、再発しない確率は上がるでしょう。

詳しく知りたい方は、職場復帰支援プログラム、リワークプログラムなどのキーワードと、あなたの住んでいる地域名を入力し、インターネットで調べてみください。いくつかの実施施設があると思います。もし通うことを考えているのであれば、クリニック選びと同じく、複数の説明会に行き、相性の良さそうなところを選びましょう。プログラムの内容、出欠の厳しさ、1ターム（入会し卒業するまで）にかかる期間等々、施設によって異なりますので、説明会でしっかり確認してください。

私が産業医を始めた15年ほど前に比べ、現在は様々な施設がリワークプログラムをやっています。すべてのリワークプログラムを知っているわけではありませんが、産業医の立場で感じるリワークプログラムに通う3つのメリットをお伝えさせていただきます。

❶復職に向けた規則正しい生活を半強制的にできるようになる

図書館通いの重要性は理解できるが面倒くさい。午前中はダラダラしてしまう。毎日続けることがどうしてもできない。こういった気持ちに負けてしまう人はたくさんいます。そんなときに、リワークプログラムに参加していると、行かなければと思えるため、より早く復職可能な状態に近づけます。もちろん、体調に応じて休まなければなりませんし、リワークプログラムに通いさえすれば復職できるわけでもありませんが、自分一人では自分自身に厳しくできない人にはおすすめです。

❷病気になった自分を受け入れられるようになる

リワークプログラムでは、病気や症状、薬などについても学びます。知識がつくとともに理解が進むと、この病気になった自分に対しての恥じらい、叱責、責める気持ちなどが溶けていくでしょう。そして、休職している自分もこの時間も受け入れられるようになります。

加えて、リワークプログラムではカウンセリングもあるので、身体の準備（リワーク通い）だけでなく、こころの準備もしてくれます。

❸他の参加者との関わり合いがある

リワークプログラムには他の患者さんも参加しています。皆、仕事を休職している人たちです。だんだんリワークプログラムに慣れてくると、周囲の人たちを見て、自分より元気な人や元気がない人がいること、自分の1か月前ぐらいの状態の人、自分も1か月後にこうなりたいと思える人などがいることがわかるようになってきます。そうすると、より自分の症状や状態についての理解が深まります。他者を通して自分を客観視できるようにもなります。

次第に他の参加者とも言葉を交わすようになってくると、様々な発見や共感がありますす。つらい気持ちや症状について、主治医や産業医ではなく同じ休職者が語る言葉は、あなたの心に違う響きをもたらすでしょう。そのなかで、自分は一人だけではないこと、参加者同士の連帯感などを再び感じ、社会性もよみがえってくるでしょう。

リワークプログラムの注意点

リワークプログラムにはお金と時間がかかります。自分の金銭的余裕と、就業規則に基づいた休職可能期間の残り時間をよく考えて参加を決めてください。

施設によっては、主治医をリワーク施設の医師に変更することを必須としているところもあります。また、日々の出席に対する厳しさも違います。

必ず説明会に参加して納得してからリワークプログラムに通うようにしてください。クリニックと同じで、2つ以上の説明会に行くことをおすすめします。

復職準備期の過ごし方

復職に向けて、カラダとココロの準備以外で、この時期に意識してほしいポイントが3つあります。

好きなことを続ける

回復期に見つけた自分の好きなこと、趣味、気分転換は、ぜひ、復職準備期でも絶えることなく続けてください。特に、こころの準備でモヤモヤ・ソワソワしたあとにすることで、その日の残りの時間は普通に過ごし、夜も眠れるようになると思います。

この時期になったら、**好きなことをする時間と頻度にも意識を向けてください。**

好きなことをする時間ですが、復職後の生活を想定し、就業時間以外でやる習慣に

しておいてください。ずっと昼間にしていて、復職後まったくできなくなるのは良くありません。

そして、どれくらいの時間、どれくらいの頻度で好きなことをするのが、自分が1週間を安定して過ごせるのかを把握するように努めてください。たとえば、30分のランニングを週3回（平日1回と休日2回）していると調子がいいことがわかった人はそれを復職後も維持しましょう。

仮に復職後にストレス度が上がった場合や症状が少し出始めた時は、趣味（ランニング）の1回に行う時間を45分に伸ばしたり、頻度を週4回と増やしたり、どうすれば自分にとってはよいのかわかるまでになれると、なお良しです。

社会との関わりを少しずつ増やす

休職中は他人と接することは少なかったと思います。人と会う予定を入れても、体調不良で行けなかったり、直前になってキャンセルしてしまったり、向かう道中約束を後悔しながら行ったり、ということもあったでしょう。いずれも、病気による症状で、私は、社会性の低下と理解しています。

回復するにつれ次第に外出ができるようになるのと同じように、少しずつ人と会ったり関わったりできるようになってきます。**最初は仕事とは無関係の友人、次第に仕事関係の人**も大丈夫になってくるでしょう。

久しぶりに人と会って話すと、思いのほか疲れます。しかし、職場は人だらけです。人と関わることに慣れなければなりません。ですから、病気のあなたを理解している人、予定をキャンセルしても怒らない間柄の人から順に、少しずつ人と会うようにしましょう。

最初は週1回1人で十分です。慣れてきたら頻度を上げたり、まとめて友人複数人と会ってみたりするなど、次第に集団に慣れるようにできるといいですね。

リワークプログラムへの参加は、この社会性のリハビリにも有効です。人によっては、ボランティア活動などに参加したり、実家の家業を手伝ったりすることが、結果としてこの役割を果たしてくれていることもあります。

なお、社会的活動をする場合は、金銭の発生、(休職中の)副業は可能なのかなどの問題が発生してしまう可能性もあるため、事前に人事に確認することをおすすめします。

通勤や日常生活のリズムづくり

復職準備もだんだん仕上がってきたら、次は生活全般を、仕事をしているときとできるだけ同じにしていきましょう。そのほうが復職したときに生活の変化に伴う疲労がたまらないで済むので、安定して働けます。

代表的なものは通勤訓練です。復職準備を始めたときから朝の満員電車に毎日乗る必要はありませんが、**復職許可をもらう頃には、週5日（または出社日数分）、通勤時間の電車に乗っても疲れないようになってください。**会社のある駅を素通りして、その先の図書館などで夕方までを過ごせるのが理想的です。朝電車に乗って通勤し、1日外で過ごす。座っているのが図書館の椅子か会社の椅子かという違いだけという生活は、復職したあとの生活に近い状態です。これに慣れることは大切です。

家に子どもがいて家事育児がある場合、休職中は昼間にやっていた家事を、復職後は帰宅後にやらねばなりません。そうすると、復職後帰宅しても思った以上に休めません。また、復職後、週末に家事をまとめてやる生活になると、週末の気分転換ができなくなる場合もあります。このような状況を避けるため、復職準備期が後半になるにつれて、家事もなるべく就業中モードへ移行してください。パートナーともよく話し合って協力を仰いでください。

休職中だからこそ、普段はできない子どもとの関わり合いを大切にしたいから図書館通いをしたくない、という声も聞きます。それはそれでいいと思います。ただし、家にいても日中はなるべくソファで休むなどはあまりしないことと、昼寝はしないことを意識して過ごすようにしてください。

大切なのは、休職中の生活をだんだん復職後の生活に近づけていくことです。そのほうが、復職後の生活に変化が少なく、疲労をため込まずにうまくいくことが多いです。

復職準備期の睡眠で大切なこと

復職する際には社員の睡眠はどのようになっているべきでしょうか。

一般的に我々は**よく眠れたときは、1日の活動で蓄積した疲労やストレスから心身が回復した感覚があります。これを睡眠休養感といいます。**復職の際には、この**睡眠休養感が安定して得られていることが大切**です。入眠障害や中途覚醒、早期覚醒の有無などの言葉で自分の睡眠を表現しているようならば、まだ安定した睡眠が取れているとは言えず、復職可能な状態ではないのかもしれません。

必要な睡眠時間は個人差がありますので、決して何時間以上必要ということはありません。**睡眠休養感が得られていれば、睡眠により1日の疲れを癒やして翌日も元気に活動できる、仕事に集中できる状態でしょう。**6時間以上ベッドで横になっていても睡眠休養感が得られず、翌日元気に働けるほどに回復できていない場合は、眠りの質が悪いのかもしれません。

睡眠休養感を得るために、私はいつも休職者に3つのポイントをお伝えしています。

1 睡眠時間ではなく睡眠休養感を大切にする
2 自分の睡眠に影響しやすいものを知る
3 睡眠薬使用のルールを持つ

この3つができていなくても復職を断ることはありませんが、できている方が、復職後も安定して睡眠休養感を得られ、再休職率は少ないです。

1 睡眠時間ではなく睡眠休養感を大切にする

適正な睡眠時間には個人差があります。ざっくりですが、6時間以上眠れていれば、後は時間よりも睡眠休養感を大切にしてほしいと考えています。

では、どうやって睡眠休養感を改善できるのでしょうか。そこで考えるのが睡眠の質です。

食生活や運動等の生活習慣や寝室の睡眠環境など、**何が自分の睡眠の質を良くしていそうかを知ることと同時に、何が自分の睡眠の質を低下させているのかを意識し把握しましょう。**

運動習慣と良質な睡眠については、多くの人が経験から感じているでしょう。一方、食生活についてはなんとなく聞いたことはあっても無意識に過ごしている人が多いのではないでしょうか。

どのような食事習慣や栄養素をどれくらい摂取することが良質な睡眠につながるか、科学的な証明はなされていません。まして、それがメンタルヘルスの病気の予防や治療のためになりそうとはいわれていますが、確定的なエビデンスはまだありません。

しかしながら、最新の腸内細菌叢(腸の中に住んでいる細菌たち)と脳の関係(腸‐脳軸)についての研究では、腸内細菌叢が睡眠やメンタルヘルスに影響を与えることが示唆されてきています。

ですので、健康に気を使う際はぜひ食生活も意識してください。1日1回の食事や偏った食生活ではなく、いろいろなものを食べてください。可能であれば、楽しく食べるようにしてください。

2　自分の睡眠に影響しやすいものを知る

睡眠の質を向上するためにできることはいろいろあります。反対に、いろいろあるということは、何が自分に最適かは、自分自身で試してみないとわからないということでもあります。私も産業医面談でよく睡眠に関するアドバイスを求められますが、具体的に何が絶対にいいとは言えず、いろいろ試して合うものを見つけるしかありません。

寝る前のリラクゼーションや、寝る前30分は部屋を暗めにする、スマホを見ないようにするなど、気軽にできることはいろいろあります。いろいろなことを試す上で、闇雲に試すよりも考えてほしいことがあります。

まず、自分で**継続可能なものを試す**ことです。高価なサプリメントなど、続けられなさそうなものは最初からやらなくていいでしょう。

次に、**五感（視覚、聴覚、嗅覚、味覚、触覚）の何を刺激しているものなのかを考えて試**

すと、幅のあるものを試せると思います。

たとえば、就寝の30分前などから部屋を暗くしたり、スマホを見ないようにしたりするのは視覚刺激への調整です。ヒーリングミュージックや静かな音楽、好きな音楽を聴くことは聴覚を通じて自分をリラックスさせていることになります。アロマオイルは嗅覚、ハーブティーは嗅覚と味覚、ゆっくりとお風呂に入るのは触覚への働きかけです。それぞれの刺激を試してみて、どの五感への働きかけが効果的か感じてみましょう。

日中の活動は、有酸素運動、無酸素運動（筋トレ）、自律神経的活動（深呼吸、ストレッチ、瞑想など自律神経系へ働きかける活動）と分けてみて、それぞれで試してみましょう。

このように考えて、どの五感への働きかけや行動が自分を良質な睡眠に導いてくれやすいか把握し、その感覚刺激のものを他にも試し、いくつかの感覚刺激の習慣を持っていると、睡眠への迷いや不安は軽減されるでしょう。繰り返しますが、**どれが一番いいというものはなく個人差があるので、試して、自分に合ったベストなものを見つけてください。**

参考までに、健康づくりのための睡眠ガイド2023（厚生労働省）には、良い睡眠を取るために個人でできる対策として以下のように記載されています。

❶睡眠を取りやすい環境づくり…どうしたらいいの？

まず、睡眠をとりやすい環境づくりについて、体内時計を整えるため、日中にできるだけ日光を浴び、寝室にはスマートフォンやタブレット端末を持ち込まず、できるだけ暗くして寝ること、そして、就寝の1時間から2時間前に入浴することなどが推奨されています。

❷運動と食事などの生活習慣

次に、運動と食事などの生活習慣について、適度な運動習慣を身につけること、朝食を取り、夜食を控えること、寝る前にリラックスする時間をつくり、無理に寝ようとしないことなどが有効だとしています。

❸嗜好品の摂取の量とタイミング

さらに、嗜好品の摂取の量とタイミングについて、1日のカフェインの摂取量をコーヒーの場合はコーヒーカップで４杯程度とし、夕方以降は控えることや、晩酌で深酒はせず、眠るためのお酒は控えること、ニコチンが入った、たばこをやめることなどが盛り込まれています。

❹不規則な交代勤務の仕事をしている人はどうしたらいいの？

一方、規則正しい生活を送ることが難しい交代勤務の仕事をしている人については、眠気や疲労改善のため、夜勤中に20分から50分の仮眠を取ることを推奨しているほか、不眠や睡眠休養感が低下していると感じ、生活に支障があるときには速やかに病院を受診することをおすすめしています。

3 睡眠薬使用のルールを持つ

復職に際して、睡眠薬を飲んでいても飲んでいなくてもどちらでも構いません。**大切なのは、1日の疲れを癒やして翌日も元気に働けるのに十分な睡眠が取れているか**です。

睡眠薬を飲んでいる場合、毎日飲んでいる人と、頓服の人がいます。毎日飲んでいる人の場合、ベッドに入るときに飲むのか、30分前、1時間前に飲むのか。どのように飲んだときが一番安定して眠れるのかを把握していることが望ましいです。

頓服の場合、どのタイミングで飲む・飲まないの判断をしているのでしょうか。布団に入る前に、今日は眠れそうだから不要、眠れなさそうだから飲もうと判断している人もいます。布団に入ってしばらくして眠れない時に飲む人もいます。24時を過ぎてもダメなら飲もうという判断の人もいます。

人によっては、前日（もしくは2日間）うまく眠れなかったら寝る前に飲むと決めていることもありますし、日曜日の夜と火曜日、木曜日は飲むと決めている人もいます。

いずれでも結構です。**自分なりのルールがあり、それに沿って内服することで1週間をしっかり働けるのであれば、それがその人に合った飲み方です。**頓服の場合は、何時以降はもう飲まない、と決めておくことも大切です。

状況ごとの復職準備のアドバイス

●適応障害の方へ

働く人の適応障害の多くの原因は職場にあることがほとんどです。職場に適応できず病気になったのです。休職開始したばかりで元気がないときは、復職後は職場の状況にどのように対処したらいいのか、いい考えは浮かばず、考えれば考えるほど、落ち込んでしまうでしょう。そのタイミングでは、考えないほうがいいです。

しかし、ある程度元気になったら、この問題にも取り組まなければなりません。会社が認めるほどのハラスメント等があったならば別ですが、多くの場合、復職する際は同じ部署に戻ります。厚生労働省のガイドラインもそれを推奨しています。

業務の割り振り方が不公平だ、苦手な人がいる、働き方が理不尽だ、等々言いたいことがあるのはわかります。ただ、**そのような環境に戻るのだからこそ、自分はそこにどのように適応すればいいのか、対策を立てる必要があります。**適応すべきは自分であり、会社が最適空間を用意してくれる場合は少ないのです。

考えてもすぐに答えは出ないでしょう。しかし、考えないと始まりません。自分一人で考えてもいいですし、カウンセラーと一緒に考えるのも一つです。書物に答えを求める人もいます。

休職になったことは、あなたや職場、誰の責任でもありません。しかし、その職場に戻る判断をするのはあなた自身の責任です。しっかり自分と向き合ってから、復職するようにしてください。

不安やパニック発作が強い方へ

まずは、自分に発作が起きたとき、どうすれば最短時間で症状が落ち着くのか、後々長引かないかを把握しましょう。

水を飲む、薬を飲む、自分なりのマントラ（フレーズ）を唱える、お気に入りの音楽を聴く等々なんでもいいのです。**一つでも効果的な対策が見つかると、発作症状は対処できるものであることがわかり少し安心できます。結果、発作の頻度は減ります。**

次に、どのような状況のとき、そのような発作が出るか把握しましょう。過去に発作が起こったとき、どのような状況・心境でしたか？　発作が起こる状況がわかれば、その状況を避けることができます。

自分が疲れているとき、疲労がたまっているときに発作が出やすいことは多くの人に共通しています。疲労をためない生活を心がけましょう。具体的にどのようなことに注意し、何を意識して生活すればいいか考えてください。

もし、疲労がたまっているときに発作が起こりやすいという自覚があるのであれば、そのような日は、発作につながるような環境や行動からは遠ざかっておきましょう。

具体的対策の考え方として、発作が起こったときは、すぐにその状況から離れることで、症状が軽減できます。たとえば、会社で苦手な先輩と2人きりになると発作が起きるのであれば、その人と2人きりにならないように意識して過ごしましょう。もしくは、上司との1on1ミーティングのときに、発作が起きやすいのであれば、そのミーティングに誰か入ってもらったり、そのミーティング前に薬を飲んだり、ミーティング後はすぐに席には戻らずコーヒーを買いに行くなど気分転換をするなどが効果的です。

大切なことは、自分が何かするということです。相手に変わってもらおうという考えでは治りません。他人は変わりません。変えることができるのは自分です。

双極性障害の方へ

産業医的には双極性障害の人が目指す状態は、落ち込み状態、躁状態からの脱却ではなく〝安定〟です。

躁すぎても鬱すぎてもいけません。躁が高ければ高いほど、そのあとひどい鬱が来ます。ですので、躁になりすぎないように生活上の注意が必要です。

ポイントは、規則正しい丁寧な生活とブレーキです。どんなに調子が良くても内服やカウンセリングをサボらないこと。どんなに寝ずに起きていられそうでも、一定の睡眠習慣を守ること。頭が冴えてガンガン仕事ができていても、休みの時間、仕事以外の時間を取ること。そのような自覚が大切です。

ハラスメントで休職になった人へ

まず、そのハラスメントについて、会社に正式にクレームしましたか？

クレームしたけれど、会社が何もしてくれないとしたら、それは残念な会社です。しかし転職を選ばずそんな会社に復職することを決めたのは、他ならぬあなたです。その職場環境でどのように対応していくのか、しっかり考えなくてはなりません。自分の気分転換、快適な睡眠のための習慣などを中心によく考えることをおすすめしています。

クレームの結果、調査があり、相手に何らかの処分や注意があったのであれば、それは少し安心です。復職する際は、その人とは一緒には働かずに済む可能性がありますもしくは一緒だとしても、会社が注意して見ていてくれると思いますのでご安心ください。

クレームして調査があったが、会社側の判定はハラスメントというほどのものではないという場合もあるでしょう。残念ですね。しかし、それが会社の最終決定です。**その会社に復職すると決めたのであれば、その環境にどのように適応するのか、しっかり考えましょう。**

自分だけがハラスメント（攻撃）を受けてているならば、しっかりと記録をとりましょう。いつ、誰に、何を言われた・されたか、そのとき周囲にいた人たちは誰か、記録をつけましょう。記録をつけながら、いつかこれを元にしっかりとクレームをして、相手にギャフンと言わせてやると思い、そのときを耐えてください。他にもハラスメント攻撃を受けている人がいるならば、その人と連携しましょう。一緒に愚痴りましょう。共通の敵は味方を作ります。自分だけでないと知ることで、安心感が生まれます。人を気遣うことは、自分を気遣うことでもあり、自分も強くなれます。

復職に向けた9つの判断基準

休職している社員に主治医から「復職許可の診断書」が提出されたら、私はあらためて産業医面談を行っています。この面談は復職（判定）面談と呼び、電話やWEB会議での家からの面談ではなく、原則、会社に出社してもらい行っています。

一般的に、主治医による復職判断は日常生活における病状の回復程度によって職場復帰の可能性を判断していることが多く、必ずしも職場で求められる業務遂行能力まで回復しているとの判断とは限りません。また、業務遂行能力はなかなか言葉で表現することが難しく、会社（産業医）から主治医への情報提供には限界があります。

このため、現実的には、主治医の判断のほかに、職場で必要とされる業務遂行能力の内容等について産業医が面談した上で判断し、会社に意見を述べることが重要です。

厳密に言えば、**復職して業務が継続して遂行できるだろうという可能性を産業医が**

判定していることになりますが、中には患者社員の言いなりに復職許可という診断書を書く主治医もいますので、産業医による復職判定は不可欠だと思います。

久しぶりに出社しての面談にプレッシャーを感じて、調子が悪化したり面談に現れなかったりする人もいます。当然、産業医の判定は復職不可（休職延長）となります。しかし、出勤初日に出社できないよりも、この時点で出社できないと判明することはまだ救いだと考えています。

私のクライエントにおいては、**主治医と産業医の判断の2つを参考に、最終的に会社が復職の可否を判断する**こととなっています。

基本的に、主治医が復職可能、産業医も復職可能と判断した場合、会社も復職可能と判断します。

主治医と産業医の判断が異なる場合、私はまずはその社員に産業医の判断理由を説明し、それを主治医に伝えていただき、その上で、再考をお願いすることがほとんどです。多くの場合、社員が私の理由に納得していれば、主治医も産業医の意見に同意していただけます。主治医が復職不可と判断しているのに、産業医が復職可能と判断したことは一度もありません。
私は月1回の休職者のフォローアップ面談のなかで、必要に応じて以下の私の復職判定基準について説明し、主治医との共有をお願いしています。そして特に、2から6ができていないうちに復職の診断書を書いてもらわないようにしています。社員には2から6ができるようになってから、そろそろ復職の診断書をお願いするようにしています。

産業医武神の復職判定基準

次の9つの復職判定基準は、私が産業医をやり出してから2～3年目に作成したものです。当時、外資系企業の産業医をやり始めたばかりで、企業によってはメンタルヘルス休職から復職者がいるときに、外国の人事担当者やその社員の上司等から、どうしてこの社員が復職できるのかの説明を求められることがあり、そんなときに作りました。

判定基準作成にあたり意識したことは、明確で誰にでも説明できて理解しやすい内

復職判定基準

医療

1. 主治医の許可（「復職可」の診断書）
2. 治療状況の確認（内服薬の有無等）
3. 通院の継続（次回受診日の確認）

活動性

4. 会社の求める時間を、自宅以外で活動
5. 通勤時間帯に、安全安心に通勤
6. 休息により心身ともに回復、翌日（翌週）も同様に活動できる

予防対策（振り返り、学びと対策）

7. 休職に至った状況を分析
8. 自分のストレス初期症状、認知傾向等を知る
9. 同様の症状が出たときの具体的対策

容であること、誰が判定してもある程度同じ結果になることです。そしてもちろん法的、道徳的に納得感があることも大切です。当時はまだリモート勤務やハイブリッド勤務などはありませんでした。その点若干の考慮が必要かもしれませんが、今でも十分使える内容だと思います。

私が復職可能と判断する際には、9つの判定基準のうち1から6は絶対必須です。

これが満たされていないのに復職許可の診断書を持ってきた場合、まずは社員に産業医が復職可能と判断しない理由を説明します。ほとんどの場合2から6のどれかを満たしていないので、社員も指摘されれば納得してくれます。社員が納得したならば、その旨を主治医に伝えていただき、あらためて休職延長の診断書を持ってくるようにお願いしています。

社員が納得しない場合は、主治医に私の判断理由を文書で伝え、主治医の再度の判断を仰ぎます。私と異なる判断の場合は、最終的には会社の判断となりますので、非医療従事者である人事担当者にもわかりやすいように理由を具体的に説明していただくようお願いしています。

では、一つずつ項目を見ていきましょう。

1　主治医の許可（「復職可」の診断書）

まず一番大切なことですが、診断書に復職可能・復職許可という文言があることです。社員が復職を主張していても、実際に時期尚早で主治医も納得しかねない時は復職許可という明確な文字がないことがあります。

この基準を作った当時は、週5日間の出社勤務が当たり前でしたので、それに対して復職可能かどうかという意味合いでした。しかし、リモート勤務やハイブリッド勤務という形態が普及したこともあり、この復職可能ということが、何に対して復職可能なのかということに注意が必要となってきました。

休職中の定期的な産業面談のなかで、会社の復職基準がどのようなものであるかを社員に説明し、それをちゃんと主治医に話すようにお願いしています。

たとえば週2日在宅勤務可能のハイブリッド勤務を選択している会社の場合、復職時からそのハイブリッド勤務が認められるのかどうかは、会社により異なります。復

職後数か月は、勤務状況把握のため毎日の出社を希望する会社もありますし、最初から他社員と同じように週2日の在宅勤務を認める会社もあります。

仮に診断書に「在宅勤務で復職可能である」という文言がある場合、会社が出社勤務を原則としているのであれば、私の判断は、「在宅勤務なら復職可能だけれども、会社は出社勤務を望んでいるので今はまだ復職可能ではない」となります。その旨を社員から主治医に伝えてもらい、休職延長の診断書を提出してもらいます。

会社の求める（出社）勤務の原則を満たさずに特例で復職する場合、さらに注意が必要なことがあります。

たとえば、週5日間働くことが求められている会社で、特例で復職後1か月間は週3勤務として復職した社員が、1か月経っても週5日出社できない場合、どうしたらいいでしょうか。

週2回の在宅勤務が認められている会社で、復職後1か月間は特別に在宅勤務を週3日認め復職した社員が、1か月たっても週3の出社ができない場合、どうしたらいいでしょうか。

私は、こういったときは再度休職することを会社にも社員にも推奨しています。このようなルールは事前に書面で決めておくことが後々のトラブルを避けるためにも必要です。

しかし、ある社員に認めた特例を、他の社員には認めないのは不公平になります。そうすると会社の基準がブレブレになってしまいますので、やはり特例は原則なしが私の基本方針です。

2 治療状況の確認（内服薬の有無等）

復職の診断書を持ってきた社員には処方されている薬、そして実際に飲んでいる薬を確認します。

復職できるくらいに元気になってきたからと自己判断で内服を中断している社員もたまにいます。

内服をやめていた薬の種類や期間により、これだけを理由として復職を断ることはあまりありませんが、復職により少なからず心身に負荷がかかること、主治医はこの薬を飲んでいると思って復職判断の診断書を書いていることをお伝えします。その上で主治医ともう一度内服薬について相談するようお願いしていきます。そして、復職までに主治医を受診してもらい、どのようなことを話し合ったのかを教えてもらうこともあります。

大切なのは、休職者が、復職後に症状再発等の状況悪化にちゃんと対応できる主治医との関係性、診療体制であることです。

3 通院の継続（次回受診日の確認）

復職後、次回の通院予定を立てていない人がいます。休職中の診察頻度も月1回程度で、内服薬もなく休職期間を過ごしていた人であることが多いです。そのような場合でも、復職すると心身の負荷がかかるからこそ、自己判断で大丈夫と判断するのではなく、専門家（主治医）に大丈夫であることを確認してもらうことの大切さをお伝えしています。そして復職後も最低1回は受診することをお願いします。

4　会社の求める時間を、自宅以外で活動

私のクライエントのほとんどでは、復職したら週5日間、就業規則の規定通りに働けることを求めています。半日勤務や週3勤務などのような短縮勤務での復職は行っていません。

会社は仕事をする場所ですし、常勤産業医や保健師がいない会社では、何かあったときの対応は遅れてしまいますので、中途半端な回復度の人を復職させるよりは、週5日間の就業時間通りのフルタイム勤務ができるようになってから復職すべきだというのが私の意見です。社員はその準備をすればいいだけの話ですし、復職準備は治療の一環ですから医療機関が主体となり行ってほしいと考えます。

私の知る限り、昭和から平成にかけて、日本の大企業では半日勤務や時短勤務からの復職などをしていました。最近は週5日間の就業規則通りの勤務を求めているところが増えてきています。

そして、この週5日間、就業規則通りの就業を求めていることは、休職中のフォローアップ面談のなかで必ず社員から主治医に伝えてもらうようにお願いしています。

復職の際の勤務日数や時間については、いろいろな意見があると思います。会社それぞれの基準がありますので、あなたの会社の基準はあなたが確認してください。

私は、短縮勤務からの復職には否定的です。ほとんどの会社が以下のような場合を想定できておらず、そのことがトラブルの元になることもあるからです。

たとえば、週3回出社勤務（週2日は休み）して、通常時間の勤務を1か月間は行うとして復職した人の場合で考えてみましょう。

この方はこの1か月間の給料はどのようになるのでしょうか？　100％出るのでしょうか？　それとも60％でしょうか？　また、交通費についてはどう考えるのでしょうか。仮にこの方が傷病手当をもらっている場合、傷病手当は停止される場合がほとんどだと思いますが、関係者は短縮勤務中の経済的な部分を考慮していない場合がほとんどです。

1か月経って通常勤務に戻れた場合は問題ありませんが、それができない場合、新たに時短勤務を認めるのか、休職するのか、どうすべきでしょうか。このような時短勤務判断は、あと何回、どれくらいの期間する必要があるのでしょうか。など、懸念は尽きません。

安易に決めた短縮勤務での復職が、将来的に大きな影響を及ぼすこともあります。人によっては時短勤務後再休職になり、そのまま復職できずに自然退職となってしまうこともあります。退職金の計算や、会社によっては加入している長期団体補償制度の給与補償の給与基準額の計算はどのようになるのでしょうか？ この方が退職する直前は、従来の60％の給与だった場合、それが基準値として計算で使われてしまうことになりかねません。それは社員にとってかわいそうな気がします。

もう一つの懸念点を挙げます。

多くの就業規則では社員がある病気で休職した場合、復職して6か月や12か月経ったらこの休職期間がリセットされることになっています。では、この短縮勤務で働いていた期間はどのようにカウントされるべきでしょうか。私は原則フルタイムの時間働けていないのであれば、時短勤務期間はカウントされてはいけないのではないかと思います。しかし日本の法律は従業員が有利となっているため、この期間もカウントされると解釈する弁護士もいます。最終的にはそれぞれの会社の顧問弁護士が決めることだと思いますが、なかなか難しい問題だと思います。

5　通勤時間帯に、安全安心に通勤

通勤訓練がそれなりにできていること。これが復職の5つ目の条件になります。

復職し出社しても、自分の席に着いた時点でもう疲れ切っている場合があります。通勤時間帯の混雑、人の多さ、電車や駅の空気などに慣れていないことが原因でしょう。**出社しただけで疲れてしまっていては話になりません。そうならないためにも復職に際しては、体力的な回復の他に、通勤電車に慣れていることが大切です。**

そのためにも、復職準備期の後半、最後の2～4週間ぐらいは、実際に通勤時間に合わせた時間帯の電車に乗り会社のある駅まで行き、その足で図書館などへ向かい1日を過ごし、夕方の帰宅時間を想定した時間帯の電車で帰宅するという生活をしてもらっています。

もちろんこの時期になればもう気分転換は9～18時の就業時間以外でやることもお願いしています。このようにして、復職後の生活との差をなるべく減らしていっています。

6　休息により心身ともに回復、翌日（翌週）も同様に活動できる

これは**安定した睡眠が取れており、規則正しい生活が送れている**ということです。睡眠により、翌日もまた１日を元気に過ごすことができること。これを確認しています。睡眠薬をはじめとする内服薬の有無や量に関係なく、安定した睡眠が取れていることが大切です。

薬が頓服（必要な時に飲むとしている）の場合は、その人なりの飲むルール（条件）などがある人のほうが、結果として安定して睡眠が取れていますので、そのような飲み方についても相談します。

安定した睡眠が取れて平日を働き続けることができることのほかに、週末を上手に休み、体力の回復だけでなく、気力の回復（気分転換）もできているかも確認します。良かれと思って土日家で休んでいるだけだと、体力は回復しても、金曜日の気分を月曜日に引きずることになってしまう場合もありますので、どのように過ごすことがそれぞれの場合にいいのか、一緒に考えて確認しています。

復職時の睡眠については、先述の「復職準備時の睡眠で大切なこと」もあわせてお読みください。

再休職にならないための「振り返り」

次の7から9に関しては、「メンタルヘルス（こころ）の準備」をやっていればできる内容で、振り返りと呼ばれるものです。私は休職中社員とも定期的に産業医面談を行っており、復職準備期に入ってきた社員とはなるべく7～9のようなことも一緒に話すようにしています。

このような内容を真剣に考えてくれる休職者ばかりではないというのが正直なところではあります。振り返りをしていない休職者には、同じ環境に戻るのに振り返りをしていないことは産業医としては心配であることは伝えています。

中にはこの時期になっても自分は悪くない、悪いのは上司だからというような他責な考えから抜け切れず、振り返りの必要性を認めない社員もいます。残念ですが仕方ありません。もう後は本人次第です。

7～9の内容は、できていない（やっていない）からといって復職不可と判断することはありません。しかし7～9をしっかり考えている人のほうが再休職になる割合は少ないことは断言します。

7　休職に至った状況を分析

自分にとってのストレスは何だったのか？　業務量や業務時間？　それとも職場の人間関係？　ストレスを感じ始めたのはいつ頃から？　など。

ストレスからメンタルヘルス不調になり休職に至る過程は様々です。業務時間が長くなったことが帰宅後ののんびりする時間がないことにつながって、体調が悪くなる人もいます。業務時間が長いことは問題ではなく、自分の与えられている仕事に面白みややりがいを感じられないことが原因だった人もいます。職場の人間関係にストレスを感じている人や仕事以外が原因の人もいます。

自分の調子が悪くなり、休職に至った状況が把握できたら、復職後その状況にならないように何ができるだろうか、もしも同じような状況になったときに具体的にどう対処すればいいのかなど、ある程度の答えが出ている人の復職のほうが安心して見守れます。

8　自分のストレス初期症状、認知傾向を知る

自分のストレス初期症状を知ることは、今後自分に負荷がかかりすぎていっぱいいっぱいになり症状が出たときに、早めに気づくきっかけとなります。自分の認知傾向を知っていれば、ストレス源に対して休職前とは違う反応をできる可能性が高くなります。そのために、自分のストレス初期症状や認知の傾向を知っていることは有意義だと思います。

いつ頃から自分には症状が出始めたのか、それが時間とともにどのように変化・悪化していったのか、いろいろなパターンがあります。そして最終的に休職するときにはどのような症状があったのか。通院を決めた症状や休職を決めた症状はどのような症状だったかなどなど、思い出して認識するようにしてもらっています。

人はストレスでいっぱいいっぱいになったときには、何かの症状が出ます。睡眠がおかしくなる人は多いですが、その人たちも必ずしも最初から睡眠がおかしくなるとは限りません。イライラから始まる人もいますし、動悸から始まる人もいます。めま

いを訴える人もいます。酒やタバコが増える人もいます。

症状が出ること自体は嬉しいことではありませんが、**自分の症状について知ることで、今後はもし症状に気がついたら、早めに対処できるきっかけになると嬉しいです。**

9　同様の症状が出たときの具体的対策

自分の症状に気がつくだけではなく、そのときはどのように対処するのか、何をするのかなどについても具体的に考えていただき、メモやノートとして保管しておくことをおすすめしています。

今は覚えていても、復職後、特に体調を崩した場合は忘れてしまっていることが多いですから、復職後もこのメモを定期的に見直すことを奨励しています。

休職中に自分の言葉で書いたメモは、自分に最適なセルフケアメモであり、これをたとえば通勤電車の中や週末に読み直すことは効果的なセルフケアになります。

もちろん、このような具体的対策がないからといって、復職を許可しないわけではありません。

復職する前に知っておくべき会社との関わり方

●復職時には同じ会社、同じ部署、同じ仕事に戻ることが原則

復職とは、原則的に会社が求めた場所と就業時間で働くことです。復職後社員が働く部署を決める権利は会社にあります。復職者の権利ではありません。

復職するときは多くの場合は、同じ会社、同じ部署、同じ仕事に戻ります。厚生労働省の復職に関するガイドラインもそのように定めています。いろいろな意見があるとは思いますが、私は原則的にこれに賛成です。

その理由の1つ目は、休職者はその部署での仕事や人間関係にストレスを感じていたことがあったとしても、それは体調が悪かったからそのストレスに上手に対処でき

なかったとも考えられるからです。休職して体調が治った今、同じ仕事や人間関係に対して、前よりも上手に対処できるようになっているはずですので、同じ部署、同じ仕事への復職で良いのではないかと思います。

理由の2つ目は、新しい部署等に行った場合、そこでは新しい人間関係及び新しい業務を身につけるという負荷が追加されてしまうからです。すでに知っている人間関係と業務に戻るほうが負担は少ないです。

時には「前回とは違う部署が望ましい」「違う業務が望ましい」と書いてある復職の診断書が提出されます。優しい会社では、こういった診断書が出た場合、なるべくそうなるように考えてはくれます。しかし、最近の会社は最小限の人数でやっています。復職する社員が異動したい部署に空きがあるとは限りません。空きがあったとしても、その部署がこの復職者を採用したいと考えるとは限りません。

主治医の先生はおそらく従業員に言われて書いているのだと思いますが、こういった診断書は私のクラエントではときに危険です。会社によっては、「診断書がいう異動ができませんので、復職できません」と判断することになります。その場合、休職期間は延長を繰り返すことになり、いずれ自然退職となってしまいます。

「復職の際には異動を要する」というような診断書を書きたい気持ちはわかります。しかし、その気持ちを振り返りなどで乗り越えてほしいというのが正直なところです。

もちろん会社が認めるほどのハラスメント等があった場合、多くの会社は部署異動や、加害者となった人との関わりがなくなるか薄れるように配慮してくれますので、その点はご安心ください。しかし、その場合でも、会社の規模によっては他に戻れる部署がないという場合もあります。また、異なる部署に戻ったとしても、社内で加害者を一切見ないで働き続けることはほとんどできないでしょう。かといって、ずっと在宅勤務を認めるというのも非現実的です。

どうしても元の部署や業務で復職したくない場合は、復職許可の診断書が出たあとに、産業医や人事に一度相談してみることをおすすめします。

復職時の就業制限を求める前に考えておくべきこと

全員が復職時に就業制限が必要なわけではありません。前述のようにフルタイムで働けないのであれば、まだ復職すべきではないので、復職準備をしてください。

復職診断書には「復職後は、職場の配慮が必要である」と記載されている場合があります。配慮とは就業制限や配置転換（異動）という意味です。

配置転換（異動）すれば休職した原因となる職場環境から離れられるので、とてもいいです。しかし現実的には配置転換できないケースが多く、その場合は就業制限で対応することになります。

ただし、「配慮が必要である」だけでは具体性に欠けてしまいますので、具体的にどのような配慮があるといいのか、産業医や人事、上司と相談が必要です。この会社とのコミュニケーションを誤解なく円滑に行うために忘れてはならないことが2つあります。

1つ目は、求めたい配慮は、あなたの権利か、義務か、欲求かという点です。同時に会社からみて権利、義務、欲求のどれに当てはまるでしょうか。この認識を会社側と一致させることが大切です。

休職は就業規則に定めてあれば社員の権利で、会社側にとっては規則を守る義務があります。一方で、多くの場合、**復職後の配慮は復職者の権利ではなく「欲求」で、会社側には「義務」ではなく好意と考えたほうがうまくいきます。**

会社には安全配慮義務があると言ってくる人もいますが、社員側にも自己保全義務という自分の健康を管理する義務があります。権利や義務だと議論するのではなく、いかに自分に合った具体的な配慮（就業制限）を認めてもらうかに集中したほうが無難でしょう。

2つ目は、**求める配慮は具体的にすること。**

多くの上司は基本的には復職した社員をサポートしたいと考えています。しかし、実際にどのようにすれば効果的なサポートができるのかをわからないでいます。

自分の症状や辛さを上司にわかってもらいたい、共感してもらいたいと思うメンタルヘルス不調者や復職者はたくさんいます。理解してもらえるだけでも、自分という存在が承認された気持ちになれて、少し楽になることでしょう。しかし、復職に際して最も大切なことはそこではありません。**具体的にどのようなサポート（配慮）があると助かるのか、この点について明確に伝え、就業制限をかけてもらうことのほうが大**

切です。

もちろん、あなたが求めるそのサポートは、ビジネスとして現実的に受け入れられるものでなければならないでしょう。希望した配慮（就業制限）がすべて叶うと楽観はできませんが、交渉ごとだからこそ、相手が受け入れやすいように提示することが大切です。

上司や人事と話し合うなかで「私のつらい気持ちを理解してほしい」として延々と**つらさを訴えたとしても、それは具体的な配慮にはつながらないことが多い**です。むしろ、訴えられた人からは、本当に復職できるほどに治っているのか心配されてしまいます。

それよりも、「前は残業が多くて調子を崩したから、復職後1か月は残業をなしにしてほしい」「〇〇の業務が苦手で、それがきっかけで悪化したので、今後は避けてほしい」など、どのような配慮があると助かるか、具体的なことを伝える。そのほうが、部署もそれが可能かどうか、そのためには同僚たちとの仕事分配をどうすればいいかなど、考えやすくなります。また、たとえその配慮ができなくても、部門側からそれならば、と他のサポートを提案しやすくなります。

◎具体的な配慮内容・就業制限の内容の3つの原則

復職後の就業制限を決めるにあたって国のガイドラインでは、必要に応じて主治医と産業医、もしくは会社が連携することを推奨しています。その必要性を否定はしませんが、主治医の先生たちの忙しさを考えると、すべての復職する社員において、これを求めるのは現実的には難しいことが多いです。

そこで、トラブルが生じそうなケース、ややこしいケースに関してのみ主治医と連携するようにしています。連携は、私は文書を使って行うことがほとんどです。そしてそのやり取りは、社員にも開示するようにしています。隠すことは何もありません。

通常は、産業医が復職面談の際に社員と具体的な就業制限を相談し、その内容を会社側にコメントする形を取っています。

そして、主治医と産業医が復職可能と判断した以降で、社員が実際に働き出すまでの間に、人事・上司と復職社員でミーティングし、復職後どのような業務内容から始めるかなどを最終的に決めてもらっています。

実際の配慮内容は、職場や業務内容により様々ですので、書ききれません。ここでは私が大切にしている3つの原則を紹介します。

❶復職後1か月は残業禁止
❷配慮・就業制限の期間は、定期的に判定して見直す
❸再休職ラインを決めておく

❶復職後1か月間は残業禁止

1つ目は、**原則として、復職後1か月間は残業なく働くことを推奨**しています。

復職者は、まず就業時間通りに5日間働くことに慣れることも大変だと思いますので、残業まではやらないほうが安心です。部門側にとっては、今まではその人なしで回していたのですから、復職後の最初の1か月間を残業なく働かせることはさほど難しくないでしょう。上司がしっかり復職した部下を意識していれば、これは実現可能です。また、後々社員と会社がトラブルになった場合も、これを守っていることで、会社としては復職後安全配慮義務を意識してケアしていたことを示せると考えています。

それ以外に、復職社員に「残業なし」という就業制限をつける大切な理由が私には

あります。**それは社員にこの就業制限がついている間に、〝残業を断る〟ことを実践し身につけてほしいからです。**

多くの休職者は、体調が悪化していても頼まれた仕事に「NO」と言えず、手持ちの溢れた仕事を変わってほしい・助けてほしいとも言えず、自分の体調に無理をし続けた結果、休職になってしまっています。同じことを繰り返さないために大切なのが、今後はちゃんと「NO」という、助けを求めるという行動です。

私は残業なしという就業制限をつけた社員には、「主治医と産業医公認で今あなたは残業が禁止されています。ですから、復職後仕事がいっぱいいっぱいでそれをやると残業してしまうと感じる場合は、ぜひ上司や人事に、『現在産業医と主治医に残業を禁止されていますが、この仕事を受けると残業が発生するので受けられません』と言って断るように」とお願いしています。

主治医と産業医の命令ですから、この期間に「NO」と言って断ったとしても、それは業績評価には響かないことも同時に伝え、安心して断ることをお願いしています。今断ることができなければ、就業制限がなくなってからも断ることはきっとできないでしょう。そうならないために、今は断る練習期間だと考えて、断るようにお願いしています。

❷配慮・就業制限の期間は、定期的に判定して見直す

原則として、就業制限がかかっている間は、主治医の診察や産業医面談には定期的にかかるべきであると私は考え、そう社員にも伝えています。そして、復職時に設けた就業制限は、毎月の産業医面談で見直すことにしています。2か月目以降も就業制限が必要な人には、そのときにまた主治医からの診断書をお願いする場合もあります。復職時の診断書に「向こう6か月間就業制限が必要である」などと書かれていることがありますが、半年後のことは断言することは難しいです。

❸再休職ラインを決めておく

復職時の就業制限で忘れてはならないのは、その就業制限を外すことができなかった場合どうするかということです。

たとえば、在宅勤務の日数を減らして出社勤務を増やすことができない社員の場合どうすべきなのでしょうか。同じ就業制限で翌月も続けて良いのでしょうか。その翌月、翌々月はどうしますか？　ダラダラとこれが続いて結局は半年間以上就業制限がついている状態になるかもしれません。他の休職者、次の復職者にこの状況が知れ渡ることは間違いありません。

私のクライエントではほとんどの場合、復職後3か月で就業制限なしの通常勤務に戻ることを社員には期待しています。それが達成できそうな状態で復職してもらっています。いつまでに就業制限のない勤務ができなければ、会社は社員に休職を要請することができるなどの取り決めをしているクライエントもあります。

このような結果、私のクライエントでは、多くの場合、就業制限は最大3か月間で終わることがほとんどです。3か月経っても通常通り働けない場合は再度休職し、リワークプログラムなどに通うことなどを検討してもらいます。

具体的な就業制限内容の考え方と確認方法

では、具体的にどのような就業制限内容が良いのでしょうか。

私は、復職後は配慮・就業制限を要すると書かれた診断書が出た場合、**その社員に具体的にどういう配慮があったら嬉しいのか、安心して働けるのか質問し、具体的に答えてもらいます。**その内容を人事や部門に共有する許可をもらい、会社側に伝えます。そして部門で検討してもらいます。
そして最終的には、主治医と産業医の復職可能判断が出たあとで実際に働き出すまでの間に、復職後の配慮（就業制限）や実際に任せる業務内容について、本人と部門（必要に応じて人事も）で話し合う機会を設けていることがほとんどです。

復職後も定期的な産業医面談を設けますが、上司（または人事）にも定期的に復職した社員と面談することを推奨しています。その際、必ず本人に「休職前の何%くらいの仕事を任されていて、そのうちの何%ぐらいを返せているのか」を上司から確認してもらっています。また、上司は上司で、部下とのミーティングの前に、その社員に休職前と比べて何%ぐらいの仕事を任せていて、そのうち何%ぐらいを実際にできているのかを数字で認識するようにしてもらっています。最初の質問は、違う質問の仕方として、その部署における平均的な一人分の仕事量の何%ぐらいなのかと聞いてもいいかもしれません。

この2つの数字を比べることによって、社員の回復具合等が見えてきます。
たとえば、社員が休職前に比べ50%ぐらいの業務を振られていると考えているのに、上司は20％しか振ってないと考えている場合、その社員はもうあっぷあっぷなのかもしれません。一方、社員が与えられた業務の１００％をちゃんとできていると認識していて、上司もそう思っていれば順調です。このように考えれば、少しは社員の回復具合を捉えやすいのではないでしょうか。

上司の認識する数字が社員の認識よりもだいぶ下の場合、人事も交えたりして、きちんと現状を伝えるほうがいいでしょう。社員の自己評価が上司よりも低い場合は、できていることをしっかり伝え、褒めて、社員に安心と自信を与えるようお願いしています。

◎復職の診断書を書いてもらう前に、事前に部署（上司）と復職後の話をするべきか？

主治医によっては、事前に部署と復職後の話をするように言う方もいます。私も休職社員にそのように質問されたことは何回もあります。

復職後の仕事に対してある程度の不安があるのは仕方がないと思います。就業時間は働けて、ある程度ビジネスの負荷に対応できる状態になってから、復職の診断書を書いてもらい、産業医の許可も出たあとで、ビジネスと実際の復職後の業務等について相談する。私のクライエントではこの順番で行うことがほとんどです。

なぜなら、**多くの上司は復職許可の出ていない休職中社員とのミーティングではビジネスとして必要な本音を言えないからです。往々にして上司たちは、休職中社員に対して気を使いすぎて、休職中社員の要望や質問に厳しい返事をできなかったり、ビジネスとして必要なことを伝え切れなかったりするのです。**

たとえば休職者が、「○○がつらかったから、復職後はその仕事は外してほしい」「復職後は○○さんとは仕事をしたくない」など言ったとします。しかし、その仕事やその人との関わりは、その部署の人であれば外すことができない場合もあります。誰も喜んでいない仕事を、一人だけ免除することは不公平になる場合もあります。そのようなときでも優しい上司は「はい」とか「当面の間は」と答えてしまいます。ここから誤解が生じることがあります。すると、復職後にその仕事などが振られた場合、〝復職前の約束と違う〟と問題になってしまうのです。また、当面の間とは具体的にいつまでなのでしょうか。

一方、上司が必要なことを伝えた結果、症状が再発、病気が悪化する社員もいます。時にはそれを上司（会社）のせいにする人もいます。このような話を聞いたあとでは、他の上司たちはもう、休職中社員にはますます何も言えなくなってしまいます。

たまに休職社員が、「元の部署以外なら復職できる」「違う業務なら復職する」「同じ環境には戻れない」と言う場合があります。休職者はそのようなつもりはなかったとしても、復職を逆手に取った脅迫のように受け取られてしまうことがあります。その意図がなかったとしても、会社側の印象がいいわけはありません。

本来、**復職とは、その時点で会社が望む部署で求めた仕事を規定された時間（就業時間）は働ける状態です。**初日から残業をやるように言われることはないでしょうが、一人前の社員として働くことを求められます。苦手意識があるのは仕方のないことだと思います。だからこそ、復職準備期にカウンセリングや振り返りを通じて、それにどう対処するのか自分と向き合ってほしいと思います。

以上は私のクライエント＝ホワイトカラーの職場での話です。ブルーカラーの場合や、時間で勤務時間を調整しやすい職場の場合はまた異なるやり方があるでしょう。おそらくそれぞれの職場における過去のやり方がありますので、まずは人事に聞いてみてください。

復職だけでなく転職も選択肢としたほうがいいとき

休職しても、仕事や今後が気になっていることが続き、睡眠もまったく改善しないなど、休息できない状態が3か月続くとき、もしかすると、「元気になると、仕事に戻らなければならないこと」に対して、深層心理が不安や恐怖を感じているのかもしれません。

では、**そこまでして今の会社に戻らなければならない理由は何でしょうか。**

復職準備期に復職のことを考えると毎回気分が落ち、気分転換しても気持ちが晴れず、夜の睡眠が悪くなってしまう。しかし、**転職のことを考えたり、転職エージェントと話したりしている分には、このような症状はない。こんなときは退職、転職したほうが、1年後には健康的な生活ができている可能性が高いです。**

また、休職可能期間が残り3か月を切ったとき、このまま復職を目指しても期限内に復職できない可能性もあります。自分のための保険として、転職活動をすることも選択肢に入れるといいでしょう。

再休職になる人の特徴

焦りからの復職はほとんどが準備不足の復職となり、再休職リスクが高いと断言できます。お金の不安、休職可能期間の問題、結局本人が休職することを真に受け入れられない等々、焦りの理由はいろいろあります。**私は早めの休職開始と遅めの復職で後悔した経験は一度もありません。後悔することになるのは必ず、遅めの休職開始か早めの復職のケースです。**

こころの準備をすれば必ず復職後うまくいくという保証はできませんが、**こころの準備をしない復職は、復職後に同じことを繰り返すことになることが高確率で予想されます。焦りから急いで復職するのではなく、しっかりこころの準備をしてから復職してほしいです。**

周囲に気を使いすぎてしまい、自己管理を上手にできなくて、また仕事に没頭しすぎてしまう人も再休職になるリスクが高いです。復職初日から21時近くまで働いていた人、上司の4か月先の出張のホテル予約を、翌日に回せず残業までして取るような人。真面目であることは大切ですが、**自己管理できた上で真面目であってほしいです**（復職後すぐに飲み会や遊びの予定で忙しすぎる生活をするような人も自己管理意識不足ではありますが、そういう人はそもそもメンタルヘルス不調での休職にはなりにくいです）。

業務の変化に適応できない人も再休職になる可能性が高いです。会社員が任せられる業務内容は時間とともに変わるものです。数年前よりも忙しくなった、よりスピードが求められるようになった、新しいシステム・アプリが使いづらい——などの声をたくさん聞いてきました。**これは上司や会社が悪いわけではありません。あなたも悪くはありません。タフな状況ですが、適応するしかありません。**

適応するよう頑張ったからといって、必ずしも適応できるわけではありません。しかし、自分は悪くないと適応努力をしない人は適応できず、復職後もつらい状況になってしまいます。

復職後のメンタルヘルス対策

復職後はどんなことに注意して、自分の仕事と健康のバランスを取っていけばいいのでしょうか。

答えは様々だと思います。メンタルヘルスの予防については様々な書籍やインターネット情報があります。しかし、**私が一番おすすめするのは、休職中に自分で考えたこと、気がついたことなどを実践し続けること**です。

それでも何か指南がほしい人のために、これから、それぞれのエビデンス（世界精神保健連盟の研究を含めて）が裏付けられているメンタルヘルス対策のヒントを紹介します。

これらのヒントは、人によっては実践しやすいものも、実践しにくいものもあるでしょう。新しいことを試すことに不安を感じることもあるかもしれませんが、繰り返すことで次第に慣れてきます。ぜひ試してみて、自分に合うものを見つけてください。

エビデンスに基づいたメンタルヘルス対策

❶つらい気持ちを乗り越えるために、必要なときは薬を使う
❷お金のスキルを磨き、必要な場合は経済的なサポートを求める
❸しっかり寝る
❹自分の気持ちや感情を理解するように意識する
❺何らかの楽しみを持つ
❻自然に触れ合う
❼信頼できる人に助けを求める
❽好奇心を持ち続け、新しい経験を受け入れる

❶つらい気持ちを乗り越えるために、必要なときは薬を使う

つらい感情を乗り越えるための（麻薬等の）薬物やアルコールの使用には注意が必要です。誰も悪い気分でいたいとは思いませんし、一部の人々にとって薬物やアルコールは一時的な安堵を提供します。しかし、残念ながら、それらはつらい感情が戻って

くるのを止めることはできませんし、事態を悪化させるか、または心の健康や身体の健康、人間関係、仕事、勉強への損害など、他の問題を生じさせる可能性があります。

つらい感情を乗り越えるために（麻薬等の）薬物やアルコールを使用したいと感じるなら、信用できる医師から処方薬をもらいましょう。または、信頼できる誰かと話すこともおすすめです。友人や親戚、同僚、慈善ヘルプラインのスタッフ、医師、あるいはカウンセラーにお話ししてみましょう。

❷お金のスキルを磨き、必要な場合は経済的なサポートを求める

研究によれば、お金の問題は多くの人々にとって最も一般的で深刻なストレスの原因の一つです。家族にお金を送る責任を感じている、または家庭で唯一の収入を得ている場合、私たちは重圧を感じ、孤立していると感じるかもしれません。

このような気持ちは、お金の問題自体を含むあらゆることに対処するのを難しくする可能性があります。利害関係のない、信頼する人と私たちの気持ちを共有することは、私たちが一人ぼっちや圧倒されていると感じるのを減少させる可能性があります。これにより、新しく前進する方法を見つけるのに役立つかもしれません。どんな借金も管理できなくなる前に助けを求めることが大切です。助けを得ることはすべての人

に利益をもたらすでしょう。

❸しっかり寝る

多くの人々にとって、悩みがあるとき最初に犠牲になるのは睡眠です。大人はひと晩に7〜9時間の睡眠が必要です。もし睡眠に苦しんでいるなら、以下のtipsをお試しください。

- 寝る前にリラックスして過ごす就寝ルーティンを確立することで、寝る前にリラックスしはじめるのに役立ちます。
- 寝る前のテレビやモバイルスクリーン、アルコール、カフェインを避ける。これにより、寝付きが良くなり、熟睡するのを助けます。また、寝る前の激しい運動も避けることができます。
- 毎日、週末も含めて、ほぼ同じ時間に寝て起きるようにしてください。

❹自分の気持ちや感情を理解するように意識する

私たちの多くは自分が動揺していることはわかっても、具体的にどのような感情なのか、また、その原因についてはわかっていないことがあります。それは悲しみ、恐れ、恥、孤独、怒り、それとも別の感情でしょうか？　また、いつも自分の感情の原因がわかるわけではありません。

自分の感じ方を愚かや弱いと評価せずに、自分自身を非難することなく、感情そのものだけに注意を払い、自分が何を感じているのかを明確にすることは、しばしば役立ちます。

時には感情をノートや携帯電話に書き留めることで、気分が良くなることもあります。毎日数回、自分について何か肯定的なことを繰り返し言ってみるのもいい方法です（マントラ、アファメーションとも呼ばれます）。研究によれば、これはネガティブな考えや感情を減少させることが示されています。また、マインドフルネスが役立つと感じる人もいます。

❺何らかの楽しみを持つ

人生は私たちに様々なことをもたらします。困難な時期には、絶望感を抱き、未来の計画を立てるエネルギーがないかもしれません。しかし、私たちは楽しむための計画を建てるだけで、前向きな感情や希望の感覚が増すことがあります。これは私たちのメンタルヘルスにとってとても重要です。計画は、一杯のお茶やお気に入りのテレビ番組、ダンスクラスのような小さな喜びから、家族や友人との旅行、お気に入りの映画、スポーツチーム観戦や、歌手のコンサートなど、どんなことでも構いません。

それが小さなものであれ、大きなものであれ、重要なのはそれを計画することです。何をするのか、いつ、誰とするのかを決めて、必要であれば予約をしてください。計画を実行することが重要です。

❻自然に触れ合う

自然は私たちに落ち着きをもたらします。調査によれば、散歩は2020年のパンデミック中に英国の大人たちがストレスを処理するために最も支持された方法でした。日本では、「森林浴」という方法が使われています。深呼吸をして、自分がどう感じるかを確認してみてください。自然な環境とつながりを持ちましょう。それによりメンタルヘルスが向上するかもしれません。

❼信頼できる人に助けを求める

私たちの多くは、心の中に物事を閉じ込めて、痛みを伴う感情をやり過ごそうと学びました。私たちがどう感じているのか、何が難しいのかを他の人に伝えることは、特に普段そういったことをしない場合、多くの勇気が必要です。

信頼できる人と物事を話し合うだけで、助けになることがあり、安堵感を感じることができます。話すことで、あなたが状況をどのように見て、感じているのかが、変わる可能性もあります。もう一つの期待できることは、話すことであなたが話している相手との関係が強化されることです。これはあなたたちの両方に利益をもたらし、彼らのサポートが必要なときにあなたに頼りやすくなります。

❽好奇心を持ち続け、新しい経験を受け入れる

私たちは皆、時間の使い方や自分自身や世界についてどう考えるかなど、慣れ親しんだ方法に固定されてしまうことがあります。新しい経験を試すことや、物事のやり方を実験することに前向きだと、人生はもっと面白く、活気があり、報われるものとして感じられます。

他に前著『外資系エリート1万人をみてきた産業医が教えるメンタルが強い人の習慣』（PHP研究所）をお読みいただけますと幸いです。

ケース紹介

復職準備期間中の「振り返り」

ここからは、休職中のクライエントによる振り返りの記録を紹介します。先述したように、振り返りは決して楽な作業ではありませんが、休職するに至った状況を自己分析でき、回復につながります。無理のない範囲で、参考にしてみてください。

ケース1

ある30代社員の復職準備中の振り返り

これは30代男性の症例です。ハイパフォーマーでしたが、チームメンバー数人が退職し業務過多となり、体調を崩しました。上司に言われ産業医面談に来たとき、こっそりと会社には言っていないがすでにメンタルクリニック通院中であることを教えてくれました。内服薬の変更などもあり3か月ほど様子を見ましたが改善せず、その後一気に悪化したため本人も納得し休職開始しました。
休職1か月目の面談で本人が見せてくれた記録を共有します。

1日の症状の変化

▼朝　：強い疲労感、頭痛、動悸、焦り↓なくなった。
▼昼間：混乱、ただただ混乱
　↓なくなった。気分がいいわけではないが、落ち着いた。
▼夜　：眠れない、仕事のフラッシュバック・悪夢
　↓入眠はまだ時間かかるが眠れるようになってきた。フラッシュバックと仕事の夢はなくなった。

メンタルヘルス面

▼何もしない、一歩も家から出たくない、散歩も無理
↓何かをしたい、できることが増えた。たとえば、お風呂に入る、散髪に行きたい（行った）、公園に行きたい、好きな定食屋に行きたい、資格勉強したい。
▼誰かのためにしなくてはならない

↓自分が好きなこと、心地良いことをゆっくり探せるようになった。自分の取り扱いマニュアルを意識し始めた。

▼人への恐怖、音や光にものすごく敏感、人生への諦念

↓まだあるが、サングラスとノイズキャンセリングイヤホンである程度対処するなど、対処できると思えるようになってきた。ランチに誘われてもまだ人とは会いたくない。

ひとことアドバイス

まだまだ休息期なので、ゆっくり過ごしてほしいです。が、真面目すぎる性格ゆえか、自分で記録をつけ始めました。いずれこころの準備をするときに役に立つと思いますし、しっかり振り返りをしてくれそうな点は安心ですが、もう少しダラダラのんびり、好きなことをして過ごすように面談の最後にお願いしました。

ケース2

ある20代社員の復職準備中の振り返り

これは20代女性の症例です。彼女は、上司からの紹介で産業医面談を行い、いくつかの症状があったため、メンタルクリニックを受診し休職について相談することをお願いしました。一方で本人が休職したくないといい、休職開始まで2か月かかりました。薬物治療と定期的なカウンセリングのなかでしている自己分析や振り返りで気づいたことを担当人事と産業医にメールで教えてくれたので、一部を紹介します。

休職開始直後

仕事をしているときの「成果を出さなければならない」の感覚が抜けず、休職しても何らかの成果を出さなければならない、という考えに駆られていた。休職中に何かの勉強をしなければならない、資格を取らなければならない、土産なしに現職に戻れない……のような強迫観念的な感覚があった。

この時期は休職はしているものの、心の状態は、休職直前の精神的トップギア状態から抜け出せていなかった。体調が万全ではなく休職しているにもかかわらず仕事をしていたときと同じような気持ちだった。泣くことはなくなったが、睡眠は休職前と同じようにうまく取れていなかった。しかし、体は動いたので休まなくても大丈夫なのではないか、すぐに復帰しなければという感覚があった。

休職して1〜2か月ごろ

休職直後の精神的トップギア状態が外れ、何もできなくなった。休職していても睡眠状態は変わらず、復職したいことを主治医と産業医に伝えたところ、両者から休職を受け入れられていない心の状態、復職への焦りを指摘された。それが睡眠障害の原因だと言われ、自分がまだ休めていないことに気づかされるきっかけとなった。そのあとのカウンリングではカウンセラーに「別人のようだ、すべて出し切ってしまったんだね」と言われた。この言葉にすごくほっとしたのを覚えている。

入眠にかかる時間は短くなり、中途覚醒は減ってきた。早朝覚醒はない。休職直後よりも睡眠は取れているものの、日中の元気はなく、何もできない状態となってしまった。この状態では復職はできないこと、急いで先月復職しなくて良かったことを認めざるを得ない。

周囲に言われ、寝坊したり昼寝をする自分、働いていない自分を責めないでいいと思えるようになった。

休職して3〜4か月

睡眠は次第に安定し、少しの外出はできるようになったが、調子に乗って外出すると、その後数日間何もできなくなるくらいに疲れてしまう。この外出可能な時間は、30分ほどから3時間ぐらいになってきている。

各所から「気分転換や趣味を見つけなさい」とのお達しだが、正直今は何をすればいいのかわからない。もともとは外出が好きだし社交的な人間だったが、今は何をするにも面倒くさいと感じてしまい、実行できない。読書も昔はよくしたが、今は文章が頭に入ってこないので、読む気にならない。オーディオ読書も試してみたが、集中力が持たなくて話を覚えていられず、楽しくなくやめてしまった。

現在

隔週の診察とカウンセリング、月1回の産業医面談で聞かれたことに答えていると、自分が少し良くなったことを自覚できるのが嬉しい。復職に向けてやらないといけないことはあるが、「今はまだその時期ではない、仕事のことを考えるのはカウンセリングのときに限定する、考えること自体が落ち込みや将来への不安に直結しているため一人のときは考えない」と言われ、その言葉に救われている気がする。以前の私であればすぐに取り掛からねければ気が済まなかったと思うと、やはりまだ病気なんだと思う。

休職直前のことはあまり覚えていないが、休職し始めたときよりも心は穏やかに過ごせているので、少しずつ良くなっているとは思う。

ひとことアドバイス

休職する自分を受け入れられるようになってから、本当の意味での休職が始まったと思います。真面目な性格なため、しっかり自分とも向き合ってくれるでしょう。産業医としては、趣味や気分転換の話をぜひ聞きたいです。

ケース3

ある40代管理職社員のリワークプログラムでの振り返り

これは入社7〜8年目の40代管理職の男性社員です。約1年半休職しましたが、復職後は問題なく働いています。この方がリワークプログラムでまとめた内容を復職前に共有してくれたので、一部紹介します（彼のことを人事に相談し産業医面談につないでくれたのは、ここに出てくる彼の上司でした）。

休職に至った原因の分析

1．業務量。人手不足のため朝から晩までお昼休みも満足に取れず働いていた。管理職だが、日々のルーティン業務、プロジェクト業務、部下のマネジメントの3つをこなしていた。体調が悪くても休みも取れず、医者にも行けなかった。チームとしての業務量、期限、質は落とせないため、メンバーの負担が増えないように自分で責任や仕事を背負いすぎてしまった。部下たちの有給取得は許可したが、自分は取れていなかった。入社してから有給休暇を毎年捨てている。

2．上司との関係。1年前に赴任した上司とは相性が良くなかった。情報を共有してもらえない上、一方的な見方で意見され、自分の考えを聞かれることもなく、私を認めてくれていないと感じた。また、自分と合わない人や反対意見の人には高圧的に詰め寄ったり排除を画策するのを見て、いつか自分がその対象にならないかビクビクしていた。

業務過多で大変ななか、上司に相談できず、ちゃんとやらないと排除されると怯え頑張るしかなかった。チームへの責任感、他人に迷惑をかけられないという気持ち、仕事が好きなこと、プロフェッショナルとしての意識などで自分を奮い立たせてやってきたが、安全安心が保障された環境ではなく、誰にも弱音を吐けなかった。

自分の原因と対策

▼責任感の強さ。迷惑になるから人に頼ってはいけない、任せられないという気質。

▼完璧主義。仕事は完璧にやらねばならない。業務の期日は必ず守るもの。どんなに多くてもできないとは言わない。必ず何か一つの価値を追加して出すのがプロとして当たり前という認識。

▼他人を信用できない性格。周りにも完璧を求め、そうでない人は信用できないとしてあまり仕事を頼まなかった。周りに頼れなかった。

▼自己肯定感の低さ、自信のなさは昔から。こんなに頑張っているのに、よくやっ

ていると自分で自分を褒める（認める）ことはなかった。

休職後、自分が1人でやっていた業務を3人で分けてやっていることを知ったことは大きな転機となった。これからは、現状の自分、やれている自分を褒めて認めたい。周囲の人たちそれぞれのできているところ、良いところを見るようにしたい。周囲にもっと頼りたい。

自分のストレスの初期症状

胃痛、不眠（寝つきが悪くなる、早朝に目が覚める）、食べなくなる（食べなくてもいいと思うようになる）、音楽やテレビの音がダメになる、ふと涙が出て止まらなくなる。

今後同様の症状が出たときの具体的対策

症状が3日以上続く場合は、上司や人事に伝えて休みをお願いする。主治医を受診する。

1人で無理はせずに、職場の信頼できる人、家族、友人に伝える。

再発防止とストレス対策

休職中に学んだことを忘れない。

1．自分の心を癒やし満たすのは自分の責任である。

2．仕事のために自分があるのではなく、自分のために仕事がある。この2つを忘れず、自分（の内面）にフォーカスする意識を常に持ち続ける。

そのために、オン・オフの切り替えを明確にする。心身がリラックスできる時間を毎日確保する。休職中に始めた趣味・好きなことを継続する。具体的には——

▼退社したら、メールの通知をオフにする。家からパソコンでログインはしない。スマホのメールは自分で決めた時間で見るのみとする。

▼モヤモヤやストレスがあるときは、紙に書くようにする。そして破る。

▼職場、趣味などで新しい人間関係を作り、自分の安全基地を増やす。

▼週末どちらかは必ず外出する。平日に2回は走りに行く。

▼睡眠、食事、生活リズムを一定にすることを心がける。仕事で夜更かししたり食事を抜いたりしない。

▼通院や必要な治療をちゃんと優先して継続する。

物事の捉え方、考え方を変える

責任感は大事だが、完璧主義すぎではなく8割でよしとすることもありと考える。適度に開き直り、自分を許してあげる心を持つ。

適度適量適当、ほどほどに、「まぁ、いいか」「なるようになる」「〜もある」と唱える。「〜せねばならない」「〜あるべきだ」と考えない。

今後の自分の取扱い説明書

▼「やばい」↓ピンチはチャンスで「いいね」
▼真面目すぎる↓遊びを持つ、ちょっと息抜き
▼一番にこだわる↓一番を譲れる
▼他人と比べる↓自分と比べる
▼「〜べき」で考える↓「〜もあり」で考える
▼ネガティブに反応する↓ポジティブに反応する
▼理想が高く、幸福度・自己肯定感が低い↓理想は低く、幸福度・自己肯定感を高くする
▼耐える↓逃げる勇気も大切

▼休まず努力する→休む工夫をする
▼Ｎｏと言えない→ＹｅｓもＮｏも言える
▼メリハリがない→オンもオフもある
▼頑張って成果を出す→楽しんで成果を出す
▼１００％の全力が大切→20％の余力が大切
▼ネガティブをキャッチ→ネガティブはスルー
▼正しさにこだわる→心地良さ、美しさにこだわる
▼小さな成功に気づいて喜ぶことを大切にする。そのために、毎日帰宅時やお風呂で振り返り、それを紙に書いたり声に出してみる。毎日自分を褒める。
▼心身の健康が第一。そのために、何事もやりすぎない。適度適量適当。
▼自分にも相手にも柔軟なものの見方と許す心を。

対上司

まずは上司に感謝する。自分が立ち止まるきっかけを作ってくれてありがとうございます。長期間休ませていただきありがとうございます。おかげさまで自分を見直して取り戻して、私は第2章をスタートできます。ありがとうございます。

自分が変わる。相手は変わらないし、変えられない。自分にフォーカスして過度に気にしすぎないようにする。

仕事での関係と割り切る。性格や価値観は人によって異なるし、業務の進め方、人の管理のやり方は異なって当たり前。すべての人と良好な関係を築けなくても大丈夫。

上司の嫌なところは自分の反面教師とする。自分が成長できる機会と捉える。自分が目指している、なりたい上司像を考え、それを見失わない。上司の良い面も探す。誰にでも長所短所はある。それなら良い面を見るように心がける。

ひとことアドバイス

リワークプログラムのなかで、しっかり時間をかけて自己分析や振り返りができています。もうこれ以上、休職してできることはないでしょう。

復職して、この数か月間考えたこと、身につけたことを実践するのみです。

この段階までやって復職する人は産業医としては安心が大きいです。が、必ず復職後再発しないという保証ができないのが難しいところです。

おわりに　再休職しないための心構え

「やり切った感」を持って復職を

この本では、働く人がメンタルヘルス不調になったときから、休職、そして復職するまでについて書かせていただきました。

復職した社員は復職初日から同僚たちと同様に一人前に働けるという状態ではありません。休養や内服により体調が回復しても、どんなに真面目に自己分析や振り返りに取り込んでも、復職時に病気が完全に治っているわけではありません。図書館滞在や通勤訓練は、実際にオフィスにいることとは違います。**最終的には職場に戻って働いてみないと、本当に大丈夫かは誰にもわかりません。**

社員たちが患っている精神疾患の多くは、骨折や風邪のような急性疾患ではなく、高血圧や糖尿病のような慢性疾患です。**今後も内服薬、食事や運動、睡眠などの体調管理の意識を持ち続け、働き続けることを目指さなければなりません。**

そのようなか、**「もうやり切った。これ以上長く休職しても、復職に向けてやれる**

ことはもうない」という状態で復職許可診断書をもらってくる方は、産業医として安心感を持って復職可能と判断できます。そして、うまくいくことが多いです。この心況には、焦りの気持ちを手放してから到達できる人が多いです。

復職後に気をつけたい7つのこと

最後に復職後の注意点7つを述べてこの本を終えたいと思います。

1　最初の1か月間は、1日ごと、毎日会社に通うことに注力する

周囲からの評価や自分の仕事の勘の戻り具合など、決して過去と比較はしないでください。多くの方は過去と比べるとき、過去の一番いいときと比べてしまうようです。それでは落ち込むだけです。私のクライエントの自動車の営業マンでは、バブルの頃の販売台数と比較している人もいました。

最初の月は、毎日出社し定められた業務をこなし、帰宅して休息する。そして翌日もそれを繰り返すこと。これだけに集中してください。2か月目になったら1か月目、3か月目になったら1、2か月目の自分と比較して結構です。毎日の積み重ねが自信

を育んでくれます。

2　内服薬や通院は決して自己判断で中止しない

復職前に比べ、今は働いているという負荷がかかっています。気持ちが興奮状態にある最初の1か月ぐらいは、自分の疲れを自覚できていない可能性もあります。私の経験上、昔のように仕事に慣れてできるようになるのは3か月ぐらいかかります。どんなに調子がよくても、その間は、必ず内服や通院は、自己判断で中止しないようにお願いします。

3　睡眠、食事、気分転換（趣味・運動等）を意識した丁寧な生活を心がける

仕事（キャリア）のために健康が大切なのではなく、健康のために仕事〝も〟大切なのです。健康のためには睡眠、食事、気分転換も仕事以上に大切です。睡眠、食事、気分転換にも、仕事と同程度の意識を向けてください。

4　定期的に、休職中の自分の振り返りメモやメンタルヘルス関係の本を見直す

5　有給休暇をしっかり活用する

復職後有給休暇が取れるようになったら、疲れる前に休むことを意識して、2か月に1回は最低1〜2日間の有給休暇を取ってください。マラソン選手は42・195キロをベストタイムで走り抜くために、喉が渇いて水を飲むのではありません。走り出す前に給水ポイントは決めていて、喉が渇く前に補給しています。仕事という長距離走を元気に駆け抜けるために、ぜひ、有給休暇を上手に活用してください。

6　あなたの周囲に調子が悪い人がいたら、声をかける

誰もがメンタルヘルス不調になる可能性があります。だからこそ組織には、弱った人に気がつき寄り添うことができる人が必要です。これには休職経験者こそが適任です。メンタル不調や休職の経験のない人は、なかなか気がつかないし、不調者の気持ちや理由がわからず、寄り添えない場合が多々あるためです。

また、**他人をケアすることは、自分への最善のケアでもあります。**調子が悪い人に気がついたら、声をかけてあげてください。決してその人を治す必要はありません。気がついているよ、何かできることはある？　というスタンスで、その人の話を聞いてあげてください。それだけで救われた気持ちになる人はたくさんいます。

（向こうは聞きたいとは思っていないかもしれないので）聞かれてもないのに、あなたの経験を語る必要はありません。しかし、可能であれば、あなたが利用したクリニックやカウンセラーなど、良かったもの（この書籍も）を教えてあげてください。

7　新しい価値観と今の働き方を見直す

復職後、以上を注意して働いても、症状が再発する場合もあります。休職中に芽生えたあなたの（仕事や健康に対する）新しい価値観と、今の働き方は合致していますか？業務内容や職場の雰囲気は、あなたに合っていますか？　自分のなかで、あと○か月など期限を定め、冷静に考えてみてください。

1万人以上の働く人たちと向き合ってきた私の経験上、多くの場合、今の仕事を辞めれば治ります。仕事（キャリア）と健康、どちらが大切ですか？

復職して、自分の薬や病気が気にならなくなる頃、この本が気にならなくなる頃、きっとあなたは治っていると思います。必ずその日は来ます。

本書を読んでいただきまして、どうもありがとうございました。

未来のキャリアを守る
休職と復職の教科書

発行日　2025年1月26日　第1刷

Author　武神健之
Illustrator　umao
Book Designer　新井大輔　中島里夏（装幀新井）

Publication　株式会社ディスカヴァー・トゥエンティワン
〒102-0093
東京都千代田区平河町2-16-1 平河町森タワー11F
TEL　03-3237-8321（代表）03-3237-8345（営業）
FAX　03-3237-8323
https://d21.co.jp/

Publisher　谷口奈緒美
Editor　大竹朝子　安永姫菜　伊東佑真

Store Sales Company
佐藤昌幸　蛯原昇　古矢薫　磯部隆　北野風生
松ノ下直輝　山田諭志　鈴木雄大　小山怜那　町田加奈子

Online Store Company
飯田智樹　庄司知世　杉田彰子　森谷真一　青木翔平　阿知波淳平　井筒浩
大﨑双葉　近江花渚　副島杏南　徳間凜太郎　廣内悠理　三輪真也　八木眸
古川菜津子　斎藤悠人　高原未来子　千葉潤子　藤井多穂子　金野美穂　松浦麻恵

Publishing Company
大山聡子　大竹朝子　藤田浩芳　三谷祐一　千葉正幸　中島俊平
伊東佑真　榎本明日香　大田原恵美　小石亜季　舘瑞恵　西川なつか
野﨑竜海　野中保奈美　野村美空　橋本莉奈　林秀樹　原典宏
牧野類　村尾純司　元木優子　安永姫菜　浅野目七重　厚見アレックス太郎
神日登美　小林亜由美　陳玟萱　波塚みなみ　林佳菜

Digital Solution Company
小野航平　馮東平　宇賀神実　津野主揮　林秀規

Headquarters
川島理　小関勝則　大星多聞　田中亜紀　山中麻吏　井上竜之介
奥田千晶　小田木もも　佐藤淳基　福永友紀　俵敬子　池田望
石橋佐知子　伊藤香　伊藤由美　鈴木洋子　福田章平　藤井かおり　丸山香織

Proofreader　文字工房燦光
Printing　中央精版印刷株式会社

ISBN978-4-7993-3121-7

最後までお読みいただき、ありがとうございます。
本書を通して、何か発見はありましたか？
ぜひ、ご感想をお聞かせください。

いただいたご感想は、著者と編集者が拝読します。

また、ご感想をくださった方には、お得な特典をお届けします。

未来のキャリアを守る

休職と復職の教科書